ÉCOLE SUPÉRIEURE DE COMMERCE & D'INDUSTRIE
DE BORDEAUX

Sous la direction de la Société Philomathique

avec le patronage et le concours

DU CONSEIL GÉNÉRAL DU DÉPARTEMENT DE LA GIRONDE,

DE LA VILLE DE BORDEAUX, DE LA CHAMBRE DE COMMERCE DE BORDEAUX

ET DE LA SOCIÉTÉ PHILOMATHIQUE

RAPPORT

DU DIRECTEUR

A LA SUITE DE SA VISITE

DANS LES PRINCIPALES ÉCOLES PROFESSIONNELLES, COMMERCIALES

ET INDUSTRIELLES DE FRANCE, D'ALSACE & DE BELGIQUE

(Présenté à la Commission d'organisation dans sa séance du 17 juin 1874.)

BORDEAUX

IMPRIMERIE G. GOUNOUILHOU

11, RUE GUIRAUDE, 11

1874

ÉCOLE SUPÉRIEURE DE COMMERCE & D'INDUSTRIE

DE BORDEAUX

Sous la direction de la Société Philomathique

avec le patronage et le concours

DU CONSEIL GÉNÉRAL DU DÉPARTEMENT DE LA GIRONDE,

DE LA VILLE DE BORDEAUX, DE LA CHAMBRE DE COMMERCE DE BORDEAUX

ET DE LA SOCIÉTÉ PHILOMATHIQUE

RAPPORT

DU DIRECTEUR

À LA SUITE DE SA VISITE

DANS LES PRINCIPALES ÉCOLES PROFESSIONNELLES, COMMERCIALES
ET INDUSTRIELLES DE FRANCE, D'ALSACE & DE BELGIQUE

(Présenté à la Commission d'organisation dans sa séance du 17 juin 1874.)

BORDEAUX

IMPRIMERIE G. GOUNOUILHOU

11, RUE GUIRAUDE, 11

1874

TITRE I

Itinéraire suivi et énumération des Écoles
visitées.

A MONSIEUR LE PRÉSIDENT

et Messieurs les Membres de la Commission d'organisation de l'École
supérieure de Commerce et d'Industrie de Bordeaux.

MONSIEUR LE PRÉSIDENT,

MESSIEURS,

Avant de procéder à l'organisation de l'école supérieure de commerce et d'industrie de Bordeaux, vous avez voulu que votre directeur visitât les principales écoles similaires de France et de Belgique. Pendant ce voyage qui a duré environ six semaines, j'ai visité successivement :

L'école des arts et métiers d'Aix ;

L'école supérieure de commerce de Marseille ;

L'école commerciale, l'école Lamartinière et l'école centrale de Lyon ;

L'école des mines et l'école de dessin de Saint-Étienne ;

L'école d'horlogerie de Besançon ;

L'école professionnelle et l'école spéciale de filature et de tissage de Mulhouse;

L'institut supérieur de commerce d'Anvers;

Les écoles industrielles de Liége et de Gand;

L'Institut industriel agronomique et commercial de Lille;

L'école industrielle d'Amiens;

L'école supérieure de commerce et d'industrie, et l'école industrielle de Rouen;

L'école supérieure de commerce, l'école professionnelle municipale et l'école d'apprentis du Havre;

L'école commerciale, l'école supérieure de commerce et l'école d'apprentis de Paris.

J'ai visité également dans cette dernière ville l'école spéciale d'architecture et l'école de dessin des apprentis bijoutiers, puis j'ai terminé ma tournée par une visite à l'école de maistrance de Rochefort.

Muni des lettres d'introduction que M. le Préfet de la Gironde avait eu l'obligeance de me donner, de celles que M. le Maire et M. le Président de la Chambre de Commerce m'avaient délivrées pour leurs collègues des différentes villes où j'avais à m'arrêter, et de celles enfin que plusieurs d'entre vous, Messieurs, m'avaient remises pour quelques personnes influentes, j'ai partout été accueilli avec la plus grande bienveillance, et je dois ici mes remercîments à tous pour m'avoir facilité l'accomplissement de la mission que vous m'aviez confiée. Je remercie particulièrement les directeurs et professeurs des écoles que j'ai visitées, pour l'extrême obligeance avec laquelle ils m'ont fourni un grand nombre de documents et renseignements précieux qui trouveront leur utilité quand nous nous occuperons des détails d'organisation de l'école supérieure de Bordeaux.

Les écoles que je viens d'énumérer sont de trois sortes : écoles de commerce, écoles d'industrie et écoles mixtes, c'est-à-dire à la fois commerciales et industrielles. Ces dernières comprenant toujours deux sections distinctes, je rattacherai dans la suite de ce rapport chaque section au type qui lui correspond, de sorte que je n'aurai à considérer que deux grandes classes : les écoles de commerce et les écoles d'industrie.

[illegible] [illegible] [illegible] [illegible] [illegible]
[illegible] [illegible] [illegible] [illegible] [illegible]
[illegible] [illegible] [illegible] [illegible]
[illegible] [illegible] [illegible]

[illegible] [illegible] [illegible] [illegible]
[illegible] [illegible] [illegible] [illegible]
[illegible] [illegible] [illegible] [illegible] [illegible]
[illegible] [illegible] [illegible] [illegible] [illegible]
[illegible] [illegible] [illegible] [illegible] [illegible]
[illegible] [illegible] [illegible] [illegible] [illegible]
[illegible] [illegible] [illegible] [illegible] [illegible]
[illegible] [illegible] [illegible] [illegible] [illegible]

TITRE II

Écoles de commerce.

TITRE II

Écoles de commerce.

Les écoles de commerce dont j'ai étudié le fonctionnement peuvent se diviser en deux groupes : les écoles supérieures et les écoles d'enseignement moyen ou préparatoire.

Le groupe des écoles supérieures comprend :
1° L'école supérieure de commerce de Paris ;
2° L'institut supérieur de commerce d'Anvers ;
3° Les écoles supérieures de commerce du Havre, de Rouen et de Marseille ;
4° L'école commerciale de Lyon ;
5° La division supérieure de commerce de l'institut industriel, agronomique et commercial du Nord de la France.

L'école projetée à Bordeaux devant avoir, dans sa section commerciale, beaucoup de ressemblance avec les précédentes, j'essaierai de les comparer entre elles en examinant successivement :
1° Le but qu'elles se sont proposé et leur temps d'existence ;

2° Leurs ressources actuelles ;

3° La composition de leurs conseils administratifs ;

4° Le régime qu'elles ont adopté ;

5° La durée et la nature de l'enseignement qui y
est donné ;

6° Le temps de présence des élèves et l'emploi du
temps ;

7° L'âge d'admission ; les examens d'entrée, de
passage et de sortie ; les punitions et récompenses ;

8° Le nombre des élèves ;

9° La rétribution scolaire et les frais accessoires ;

10° La composition du personnel administratif et
enseignant ;

11° Les dépenses annuelles et celles de premier
établissement ;

12° L'installation et la distribution du local (¹).

1° But proposé
et temps
d'existence.

Ces écoles tendent toutes au même but : donner aux jeunes gens qui se destinent au commerce, *avant leur entrée dans la pratique des affaires*, l'ensemble des connaissances indispensables à tout commerçant se livrant à des opérations d'une certaine étendue, et contribuer ainsi à former des employés, des négociants et administrateurs capables, non seulement de bien diriger le commerce national, mais encore de déve-

(¹) Le programme de l'école supérieure de Bordeaux ayant été, avant mon voyage, l'objet d'une étude complète de la part de la Commission, j'ai pensé que je faciliterais la comparaison de ce programme avec ceux des autres écoles, en adoptant pour mon rapport la division que je viens d'indiquer.

lopper les relations de leur pays avec les pays étrangers.

L'école supérieure de commerce de Paris a été fondée en 1820 par Casimir Périer, Ternaux, Jacques Laffitte, Chaptal, etc...; elle a été dirigée pendant 25 ans par Blanqui, membre de l'Institut, puis par Gervais de Caen; elle est aujourd'hui la propriété de la Chambre de commerce.

L'institut d'Anvers date de 1852, il a été créé par arrêté royal du 29 octobre même année.

Les écoles du Havre et de Rouen ont été fondées en 1871 et celles de Marseille et de Lyon en 1872. Ces quatre écoles sont dues à l'initiative individuelle. Des sociétés d'actionnaires se sont formées pour leur création et leur exploitation. Elles ont pu réunir au Havre 220,000 fr., à Rouen 250,000 fr., à Marseille 450,000 fr., et à Lyon 1,200,000 francs.

L'école de Lyon n'est autre que l'ancienne école de Mulhouse qui s'est reconstituée en France avec une grande partie de son personnel, professeurs et élèves. Fondée à Mulhouse en 1866 par la Société industrielle, sous le patronage de la Chambre de commerce, elle a dû suspendre ses cours pendant la guerre, et n'a pu les reprendre depuis, faute de professeurs et d'élèves, malgré une tentative de réorganisation essayée à la fin de 1871.

Enfin, l'école supérieure de commerce de Lille a été ouverte en octobre 72 en même temps que les autres sections de l'institut dont elle fait partie. La création en est due aux subventions réunies du Ministère du commerce, du Conseil général du département et de la la ville de Lille.

Les rétributions des élèves sont actuellement les seules ressources de l'école supérieure de commerce de Paris, elles suffisent pour faire face à toutes les dépenses.

A l'institut d'Anvers, l'État paie les trois quarts de la dépense, l'autre quart est payé par la ville. Le montant des frais d'études est réparti entre les professeurs d'après des bases arrêtées par un règlement ministériel.

Au Havre, à Lyon, Marseille et Rouen, les ressources se composent de l'intérêt du capital versé par les actionnaires et des rétributions des élèves. L'école de Marseille a de plus une subvention de 5,000 fr. de la Chambre de commerce.

Quant à l'institut de Lille, il reçoit une allocation de 10,000 fr. du Ministère du commerce et de l'agriculture, et le reste de la dépense, déduction faite des sommes couvertes par les versements des élèves, est payé par la ville et le département, dans la proportion de un quart pour la ville et de trois quarts pour le département.

Dans une partie de ces écoles, quelques dons particuliers, ainsi que des allocations annuelles, sous forme de bourses, accordées au concours par les Conseils généraux, Municipalités ou Chambres de commerce, s'ajoutent aux ressources que je viens d'indiquer.

Dans chacune de ces écoles il existe des commissions administratives, de surveillance ou de perfectionnement. A Paris, la commission administrative est

composée de 4 membres de la Chambre de commerce
et du directeur de l'école, qui remplit les fonctions de
secrétaire; à Anvers, de 6 membres dont deux nommés
par le Ministre, 2 par le Conseil communal et 2 par la
Chambre de commerce; le bourgmestre en est le
président. Au Havre, à Rouen, Marseille et Lyon, la
commission administrative comprend 12 membres et est
composée d'un certain nombre d'actionnaires auxquels
viennent s'adjoindre des délégués de la Chambre de
commerce. La commission de l'école de Rouen comprend en même temps des délégués du Conseil municipal. Enfin celle de l'institut du Nord de la France
est composée de 4 conseillers généraux et du maire de
Lille.

A Paris, Marseille et Lille, il y a de plus un conseil
de perfectionnement qui s'occupe des mesures à prendre dans l'intérêt des études et fait à ce sujet des
propositions à la commission administrative. A Paris,
il se compose de 25 membres et est présidé par Son
Excellence M. le Ministre de l'agriculture et du
commerce. A Anvers, il se compose de tous les
membres du personnel enseignant et est présidé par le
Directeur; à Marseille et à Lille, de commerçants
et industriels, de membres du conseil d'administration
et de professeurs. Au Havre, à Rouen et à Lyon,
l'existence d'un conseil de perfectionnement a été
jugée inutile, la commission administrative en remplit
les attributions.

A l'exception de l'école supérieure de Paris, qui a 4° Régime adopté.
toujours été un internat et qui n'admet des demi-

pensionnaires que depuis la rentrée d'octobre 1873, toutes ces écoles ne reçoivent que des élèves externes. A Lyon, Lille et Marseille, un restaurant est installé dans l'intérieur de l'établissement; à Lyon et à Lille, le déjeuner y est obligatoire pour tous les élèves; à Marseille il est facultatif pour ceux dont les parents sont domiciliés dans la ville. Dans toutes les autres écoles, les élèves apportent leur déjeuner ou vont prendre ce repas au dehors.

Partout les élèves sont placés sous la responsabilité de parents ou de correspondants. Des familles ou des établissements recommandables prenant des pensionnaires sont indiqués aux parents qui en font la demande. A Marseille, le conseil d'administration vient de décider que quelques élèves pourront être reçus dans les familles du directeur et du sous-directeur; l'école de Marseille se charge en outre de placer les élèves dans des internats choisis par elle. Dans ce cas, le prix de la pension qu'elle fixe elle-même lui est réglé directement par les parents en même temps que la rétribution scolaire.

Les élèves de toutes ces écoles ne portent pas d'uniforme; à Marseille seul, ils ont une casquette avec insignes.

Indépendamment des externes, les écoles d'Anvers, de Marseille et de Lille admettent des auditeurs libres qui peuvent suivre un ou plusieurs cours sans prendre part aux autres exercices composant l'enseignement.

3° Durée et nature de l'enseignement. La durée de l'enseignement varie, suivant les écoles, de deux à trois ans. A l'école supérieure de Paris et à

Marseille elle est de trois années. Toutefois la première année peut être considérée comme une année préparatoire. A Anvers, au Havre, Lyon et Rouen, l'enseignement dure deux années, mais des cours ou classes préparatoires sont annexés à ces écoles. A Anvers ces cours ont lieu du 1er mai au 15 août, dans les autres écoles ils durent toute l'année scolaire. L'enseignement donné dans ces différentes écoles supérieures est à peu près identique. Dans toutes, il comprend trois langues vivantes (*allemand, anglais, espagnol* ou *italien*), la langue française, la calligraphie, l'histoire et la géographie commerciales, le droit commercial et maritime, l'économie politique, les marchandises précédées de quelques notions de physique, de chimie et d'histoire naturelle, et enfin les exercices du bureau commercial. Je ferai remarquer toutefois qu'à Anvers les élèves qui sont placés chez des négociants de la ville peuvent être dispensés du bureau commercial; ils doivent alors, quand ils se présentent aux examens de fin d'année, produire un certificat du négociant chez lequel ils travaillent.

A toutes ces matières que je viens d'énumérer et qui forment un enseignement général pour ainsi dire commun, il faut ajouter :

La langue flamande enseignée à l'institut d'Anvers;

Les langues arabe et grecque moderne, et l'hygiène, enseignées à l'école de Marseille ;

L'algèbre appliquée et la mécanique, enseignées à l'école de Paris et dont quelques notions sont données aux élèves de la division préparatoire de Marseille ;

Les armements maritimes, qui ne sont enseignés

que dans les écoles du Havre, de Marseille et d'Anvers ;

Le dessin, qui ne s'enseigne qu'aux écoles de Lyon, Lille et Paris.

L'école de Lyon a de plus créé un cours spécial des devoirs du négociant et celle de Rouen un cours spécial de tarifs de chemins de fer, auxquels on attache dans ces écoles une extrême importance.

J'ai rapporté une grande partie des programmes détaillés de ces différents cours, ils pourront être consultés avec fruit lorsqu'il s'agira d'arrêter ceux de l'école de Bordeaux. Je crois toutefois devoir donner ici les programmes sommaires des deux cours spéciaux dont je viens de parler, et j'entrerai ensuite dans quelques détails sur le fonctionnement du bureau commercial. Le cours des devoirs du négociant est en quelque sorte un complément, au point de vue moral, de l'enseignement de l'école de Lyon. On y traite : des devoirs de l'employé en général, et des devoirs et droits spéciaux de l'employé intéressé ; des devoirs du négociant envers lui-même ; envers ses commis et ses ouvriers ; envers ses associés, ses confrères, ses commettants, ses débiteurs et ses créanciers ; envers sa famille ; des devoirs de la famille du négociant envers lui-même et envers ses créanciers ; des devoirs des commanditaires et des conseils de surveillance au point de vue moral ; enfin, des règles de prudence du négociant.

Dans le cours de tarifs de chemins de fer, professé à l'école de Rouen, on apprend aux élèves à se reconnaître dans ce dédale de tarifs généraux, spéciaux, internationaux, etc..., où bien des négociants s'égarent, faute de guide ; on leur fait étudier les différents systèmes des classes et catégories de marchandises adoptées par les compagnies et variant avec chacune d'elles ; on leur apprend à connaître ces classes et on leur montre l'avantage qu'il y a à demander l'application de tel tarif plutôt que de tel autre, et à diriger ses expéditions en tenant un compte raisonné des différences de taxe selon le parcours employé. Le cours est terminé par une étude des tableaux de douane.

J'arrive maintenant au fonctionnement du bureau commercial.

Une première méthode suivie à Marseille et à Lyon et que les écoles de Lille et de Rouen ont l'intention de suivre, lorsque le nombre des élèves de la dernière année le permettra, consiste à grouper les élèves de cette division en plusieurs bureaux ou groupes de 3 ou 4 élèves, considérés comme autant de maisons de commerce ou de banque, sous forme de sociétés ordinaires ou de sociétés en actions. Cette séparation n'a pas lieu l'année précédente, qui est uniquement consacrée au cours théorique et aux exercices pratiques isolés de comptabilité et de tenue des livres. Chaque bureau ou groupe a un chef choisi par le professeur, et des employés. Ces divers bureaux entretiennent entre eux des correspondances suivies, chacune dans la langue du pays auquel le bureau est censé appartenir. Généralement les correspondances sont d'abord faites en français, puis soumises au professeur de bureau qui juge le fond ; elles sont ensuite traduites dans la langue du pays auquel elles sont adressées et soumises au professeur de langue avant d'être expédiées.

Les différentes maisons s'ouvrent des crédits, s'achètent ou se vendent diverses marchandises. Les élèves tiennent à cet effet tous les livres exigés par la pratique. Si l'un des groupes forme une maison américaine, il se sert pour ses écritures du journal américain. Chaque maison tient des comptes de toutes sortes, crée ou endosse des effets, rédige toutes les pièces qui accompagnent les opérations commerciales, telles que factures, récépissés, comptes-courants, déclarations, relevés de magasin, assignations, chèques, warants, inventaires, bilans, bulletins de douane et de chemins de fer, comptes de vérification ou de gérance, avis, circulaires, etc., etc.... En général tous ces travaux sont faits, soit sur des formules imprimées ou autographiées, préparées à l'école et semblables à celles en usage dans le commerce; soit sur des imprimés dus à la générosité de quelques administrations.

Chaque bureau se renouvelle tous les deux mois et demi. L'année scolaire étant de dix mois, chaque élève passe pendant l'année dans quatre bureaux de nature ou de pays différents. Avant de former un bureau, les élèves du groupe rédigent leur acte d'association, qui est soumis au professeur de législation; ils font également, à la fin de chaque période, des inventaires de cession ou de reprise, afin d'établir s'il y a perte ou bénéfice dans leurs opérations.

A Marseille, les élèves sont groupés de la façon suivante : un premier groupe constitue une maison de banque, un deuxième une maison de courtage et deux autres groupes des maisons de commerce, l'une à Marseille, l'autre à l'étranger. Les courtiers de la maison de courtage se renouvellent tous les mois.

A Lyon, la division est un peu différente : un premier groupe représente une maison de banque tenue par le sous-chef de bureau, et chacun des autres groupes, dirigé par un élève choisi par le professeur, représente une maison de commerce faisant à la fois courtage, banque, etc. Il n'y a pas de maison spéciale de courtage.

Chaque maison, outre les pupitres de travail qui sont groupés de façon à l'isoler des autres maisons, possède, comme dans les véritables comptoirs, une grande table inclinée permettant d'étaler les registres et d'y écrire debout, une presse à copier et ses accessoires, une armoire pour les imprimés, un casier pour les registres à onglet renfermant les lettres et circulaires de la maison, etc., etc. A Lyon, un tiroir spécial servant de caisse est en outre affecté à chaque groupe; les élèves y renferment des billets simulés des banques des différents pays et des jetons de couleur variée représentant les monnaies courantes. Chaque maison a ses frais généraux et paie ses employés; toutes les opérations sont donc réelles, et il n'y a de fictif que la monnaie et les marchandises.

La deuxième méthode actuellement en vigueur à Anvers et imitée avec quelques variantes au Havre et à l'école supérieure de commerce de Paris, consiste à faire faire en même temps les mêmes opérations ou exercices à tous les élèves de la division, sous la direction du chef ou du sous-chef du bureau. La séparation en groupes est supprimée, mais le bureau existe néanmoins, car chaque élève est censé représenter à lui seul une maison de commerce; il tient toutes les écritures et tous les livres nécessaires, et quand il a commencé une opération il peut la poursuivre jusqu'au bout, en se transportant successivement par la pensée dans chacune des maisons où l'opération doit être continuée. L'école d'Anvers qui avait adopté dans le principe la division en bureaux, y a renoncé pour la remplacer par le système que je viens d'exposer. Elle reproche à celui de Marseille et de Lyon de faire perdre trop de temps aux élèves, et de favoriser ceux que le professeur choisit comme chefs de maison, au détriment des autres. On a trouvé de plus à Anvers qu'avec la deuxième méthode les élèves faisaient plus d'opérations dans l'année qu'avec la première. Je dois dire toutefois qu'avec l'une ou l'autre de ces deux méthodes, l'on arrive à des résultats très satisfaisants; j'ai assisté, dans les deux cas, à l'interrogation de quelques élèves, et je puis affirmer qu'ils ont traité et résolu, devant moi, avec beaucoup de facilité, des questions assez compliquées.

En dehors des cours et des exercices de bureau, les élèves font des devoirs, compositions, problèmes, etc. A Marseille, pendant la troisième année seulement, ils font des conférences en français sur un sujet donné, en présence d'un jury composé du Directeur, et des trois professeurs spéciaux (bureau commercial; marchandises et géographie commerciale; législation et économie politique). Les sujets qui doivent être traités sont choisis à la conférence précédente parmi les questions se rapportant à plusieurs des cours professés à l'école, et tirés au sort par les élèves. Pour que cet exercice ne dégénère pas en un simple travail de mémoire, les élèves sont autorisés à avoir des notes à la main. Les conférences ont lieu une fois par semaine, elles durent deux heures, pendant lesquelles 12 élèves environ doivent exposer les sujets qu'ils avaient à traiter.

Au lieu de conférences, l'école de Lyon fait faire des rapports de géographie. Tous les mois chaque élève de la dernière division doit remettre au professeur un rapport de géographie sur un pays donné. Un mois est accordé pour le préparer, avec la faculté de puiser, dans les ouvrages de la bibliothèque, les renseignements nécessaires. Le but de ce travail étant d'apprendre aux élèves à rédiger un article d'une certaine étendue d'après des extraits de divers volumes, il leur est interdit de reproduire les notes qu'ils ont pu prendre soit dans leurs cours, soit dans les ouvrages qu'ils ont consultés. Ces rapports sont corrigés et annotés par le professeur et rendus aux élèves, qui peuvent les conserver.

Enfin, dans toutes les écoles supérieures de commerce, des visites d'établissements commerciaux et industriels, usines, magasins, etc., sont faites périodiquement par les élèves sous la conduite d'un ou de plusieurs professeurs.

Les élèves des écoles de Marseille et de Lille font de plus des exercices militaires.

Le temps de présence journalier varie de 6 à 10 heures par jour.

6° Temps de présence à l'école et emploi du temps.

A l'institut d'Anvers, les élèves restent en moyenne 6 heures par jour (de 8 heures à midi, ou de 8 heures et demie à midi et demi le matin, suivant la saison ; et de 2 heures à 4 heures le soir). Deux fois par semaine les cours du soir ont lieu de 6 à 8 heures, au lieu de 2 à 4 heures. On cherche autant que possible à mettre les cours avant et après les heures du bureau commercial ou des bureaux particuliers des commerçants de la ville, afin d'en rendre la fréquentation facile à tous.

Au Havre, les élèves sont présents à l'école pendant 8 heures par jour (de 8 heures à midi le matin, et de 2 heures à 6 heures le soir) ;

Les externes de l'école supérieure de Paris, pendant 8 heures et demie par jour (de 8 heures et demie du matin à 5 heures du soir) ; 2 heures sont consacrées au déjeuner et aux récréations ;

Les élèves des écoles de Lyon et de Lille, pendant 9 heures par jour (de 8 heures du matin à 5 heures du soir) ; une heure (de midi à 1 heure) est consacrée au déjeuner dans l'établissement. Il y a de plus, à l'institut de Lille, une étude facultative de 5 heures à 7 heures du soir.

A Marseille, les élèves sont présents pendant 9 heures par jour (de 8 heures du matin à midi, et de 2 heures à 7 heures du soir). Les cours cessent toutefois à 4 heures et demie, heure à laquelle les élèves ont la faculté de quitter l'école si les parents le demandent. Comme à Lille, il y a de 5 heures à 7 heures du soir une étude facultative précédée d'une récréation d'une demi-heure.

Enfin, à Rouen, le temps de présence est de

9 heures par jour (de 7 heures et demie à midi ; et de 1 heure et demie à 6 heures du soir). En hiver, la rentrée du matin n'a lieu qu'à 8 heures.

A l'exception de l'école du Havre où les élèves ont congé le jeudi à partir de 4 heures, il n'y a pas de congé le jeudi dans l'après-midi.

Les cours durent une heure, une heure et demie et quelquefois, mais rarement, deux heures ; les séances de bureau commercial seules, durent deux heures et même, comme à Lille par exemple, deux heures et demie.

Les renseignements que j'ai recueillis, dans chacune de ces écoles, permettent de se rendre compte de la durée et de l'importance donnée à chaque cours.

L'année scolaire est généralement de 10 mois, les vacances ont lieu soit du 1er août au 30 septembre, soit du 15 août au 15 octobre.

L'âge d'admission varie de 14 à 16 ans. Il est de 14 ans révolus pour les cours préparatoires des écoles de Marseille, du Havre et de Rouen, et de 15 ans révolus pour l'année préparatoire des écoles de Paris et de Lyon, et pour la 1re année des écoles de Marseille, du Havre, Lille et Rouen. Enfin l'âge de 16 ans révolus est exigé pour la 1re année de l'école de Lyon, le 2e comptoir de l'école de Paris, et la 2e année de l'école de Marseille. Dans cette dernière école, les auditeurs libres ne sont admis qu'à l'âge de 17 ans.

A l'institut d'Anvers, il n'y a pas d'âge fixé pour l'admission ; on admet toutefois que pour en suivre les cours avec fruit, les élèves doivent avoir au moins de 16 à 17 ans.

7° Age
d'admission
et
examens d'entrée,
de passage
ou de sortie.
—
Punitions
et récompenses.

Des examens d'entrée sont exigés dans toutes ces écoles; ils comprennent l'écriture, l'orthographe, l'arithmétique, la géographie des cinq parties du monde et des éléments de physique et de chimie.

Dans quelques écoles, l'on exige de plus des notions d'histoire, des éléments de langues vivantes et des éléments d'algèbre et de géométrie. Dans les écoles françaises, les bacheliers ès lettres, ès sciences, et les diplômés de l'enseignement secondaire spécial sont dispensés de l'examen d'entrée. A Anvers, les élèves qui ont fait leur 1re professionnelle dans un athénée du royaume ou tout autre établissement légalement assimilé aux athénées, entrent également sans examen en 1re année. Il en est de même de ceux qui ont obtenu des certificats de *prima* dans les gymnases de l'Allemagne ou qui prouvent, *par un document admissible,* qu'ils sont aptes à suivre l'enseignement donné à l'institut.

Pendant le courant des études, des examens hebdomadaires et trimestriels et des examens de passage et de sortie ont lieu dans toutes les écoles. Les premiers sont faits par les professeurs et les autres par des jurys composés des professeurs et du directeur auxquels viennent s'adjoindre, pour quelques écoles, des membres du conseil d'administration.

Les moyens disciplinaires généralement adoptés sont la réprimande, les avertissements, et l'exclusion. A Anvers, il faut y ajouter la suspension du droit de fréquenter un ou plusieurs cours; à Paris, la retenue ou consigne; et à Lille, la salle de police et la prison.

Dans quelques écoles, un certain nombre de points

sont attribués pour la conduite à chaque élève, et l'une des punitions mentionnées ci-dessus entraîne la perte d'une partie de ces points.

A la fin de la dernière année, les élèves qui ont subi des examens satisfaisants, reçoivent soit des certificats, soit des diplômes. Des médailles d'or, d'argent et de bronze sont données dans les écoles de Paris, de Lille et de Marseille. D'autres écoles accordent des prix, sous forme de bourses de voyage à l'étranger, aux élèves les plus méritants, en leur imposant la condition d'adresser à l'école un rapport commercial sur les pays qu'ils ont visités. Ces prix ont été institués soit par les chambres de commerce, comme au Havre et à Lyon, soit par le gouvernement, comme à Anvers. Dans cette dernière ville, les jeunes gens qui n'ont pas fait leurs études dans l'institut sont admis à concourir pour ces bourses de voyage.

L'institut d'Anvers renferme 140 élèves, dont 87 suivent le bureau commercial, savoir :

8° Nombre des élèves (¹).

> 60 en 1ʳᵉ année,
> 27 en 2ᵐᵉ année.

L'école commerciale de Lyon, 137 élèves, dont :

> 35 dans l'année préparatoire,
> 75 en 1ʳᵉ année,
> 27 en 2ᵐᵉ année.

(¹) En 1873, l'école de Lyon n'avait que 94 élèves, savoir : 35 dans l'année préparatoire, 40 en 1ʳᵉ année, et 19 en 2ᵉ année ; celle de Marseille, que 60, savoir : 18 en 1ʳᵉ année, 32 en 2ᵉ année, et 10 en 3ᵉ année ; celle du Havre, que 43, dont 7 en année préparatoire, 25 en 1ʳᵉ année, et 11 en 2ᵉ année ; enfin l'école commerciale de Rouen n'en avait que 25 dans ses deux années.

L'école supérieure de Paris, 107 élèves, dont :

58 dans le 1er comptoir,
32 dans le 2me,
17 dans le 3me.

L'école supérieure de Marseille, 65 élèves, dont :

22 en 1re année,
32 en 2me année,
11 en 3me année.

L'école supérieure du Havre, 50 élèves, dont :

10 dans l'année préparatoire,
24 en 1re année,
16 en 2me année.

L'école supérieure de Rouen, dans la division commerciale seulement, 35 élèves, dont :

7 dans l'année préparatoire,
20 en 1re année,
8 en 2me année.

L'institut de Lille, dans son école supérieure de commerce seulement, 8 élèves, dont :

6 en 1re année,
2 en 2me année.

Les écoles, sans prendre d'engagement quant à l'avenir des élèves qui désirent trouver une position, patronnent ceux qui s'en sont montrés dignes. A Paris, 17 diplômes ont été accordés en 1873. Les écoles du Havre et de Rouen en ont délivré l'année dernière pour la première fois; de chacune de ces deux écoles, 7 élèves sont sortis avec leur diplôme. Enfin, 13 élèves, sur les 19 qui avaient été amenés de Mulhouse, sont également sortis avec leur diplôme de l'école de Lyon. Plusieurs de ces diplômés ont trouvé facilement à se placer, soit dans des maisons françaises, soit à l'étranger.

A l'institut d'Anvers, les élèves paient 200 francs en 1re année et 250 francs en 2me. Ils versent de plus un droit d'entrée de 25 francs. Un supplément de 100 francs par an est exigé de ceux qui veulent suivre le bureau commercial. Les élèves peuvent prendre des inscriptions pour un ou plusieurs cours. Ces inscriptions partielles coûtent 35 francs pour chaque cours, en y comprenant le droit d'entrée, qui est de 5 francs par cours.

A l'institut de Lille, la rétribution annuelle est de 300 francs par an; elle sera probablement élevée à 400 francs lorsque l'école s'installera dans le nouveau local actuellement en construction. Les élèves paient en outre 1 fr. 50 par repas, pour le déjeuner pris dans l'établissement.

Dans les écoles supérieures de commerce du Havre, de Lyon et de Rouen, la rétribution scolaire est de 600 francs par an pour chacune des deux années.

Enfin, à Marseille, elle est pour les externes : de 400 francs en 1re année, de 600 francs en 2e année, et de 800 francs en 3e année; et pour les internes recommandés, de 1,800 francs en 1re année, de 1,900 francs en 2e, et de 2,000 francs en 3e année.

Les prix annuels des cours préparatoires sont de 100 francs à Anvers, de 400 francs au Havre et de 500 francs à Lyon.

A Marseille, les auditeurs libres doivent la rétribution entière; à Lille, ils versent 1 franc par cours.

9° Rétribution scolaire et frais accessoires.

Les frais accessoires pour fournitures scolaires de toutes sortes sont à la charge des élèves. Ils atteignent 80 ou 100 francs par an au Havre et à Marseille. Dans ces deux villes les objets sont fournis par l'école au prix coûtant; dans les autres, l'école se borne à en arrêter les prix à l'avance avec différents fournisseurs.

10° *Personnel administratif et enseignant.*

Le personnel de ces écoles se compose le plus souvent d'un directeur, d'un comptable ou économe, de deux surveillants, d'un concierge, et de garçons de bureau en nombre suffisant. Au Havre et à Rouen il n'y a qu'un surveillant et pas de comptable; les écritures de la direction sont tenues par le sous-chef du bureau commercial. A Lyon, il n'y a pas de comptable, mais il y a un sous-directeur et un censeur.

Le nombre des professeurs ([1]) varie de 13 à 24; il y en a 13 au Havre, 14 à Anvers, 18 à Marseille, 20 à Lyon, et 24 à Paris. Leurs appointements varient, suivant le nombre et l'importance de leurs leçons, de 1,200 à 7,000 francs. Ils ont, d'ailleurs, presque tous d'autres occupations lucratives en dehors de l'école. En général, il ne leur est fait aucune retenue pour la retraite. L'institut d'Anvers fait seul exception à cette règle. Dans cet établissement, une retenue obligatoire, fixée par une loi, est faite sur les traitements du personnel, qui a droit alors à une retraite au bout d'un certain temps de service.

([1]) Le nombre des professeurs contribuant à l'enseignement commercial dans les écoles mixtes de Rouen et de Lille est de 11 à Rouen et de 15 à Lille.

Les dépenses annuelles varient dans les différentes écoles de 38,000 à 180,000 francs.

Elles sont :

11° Dépenses annuelles et de premier établissement (¹).

Au Havre, de   38,000 fr. env., dont 21,000 fr. pour le personnel.
A Anvers, de   53,000   —   46,200   —
A Marseille, de 69,000 —   46,000   —
A Lyon, de   100,000   —   68,600   —
A Paris, de   180,000   y compris les dépenses de personnel et les frais énormes que nécessite l'internat.

Dans les dépenses indiquées ci-dessus figurent les frais de location ou d'amortissement des locaux, et pour l'école de Lyon, une perte annuelle de 6,000 francs sur les déjeuners (²).

(¹) Les dépenses annuelles et de premier établissement des écoles mixtes ne peuvent être établies que pour l'ensemble des deux enseignements. Elles sont indiquées dans la partie de ce rapport qui concerne les écoles supérieures d'industrie, les frais de l'enseignement industriel étant les plus considérables. (Voir pour cette indication page 51.)

(²) Le détail des dépenses annuelles des principales écoles ne recevant que des externes est le suivant :

	ANVERS (140 élèves).		LYON (137 élèves).		MARSEILLE (85 élèves).	
Frais de personnel......F.	46,200	»	68,600	»	46,000	»
Bibliothèque, musée et laboratoire.......	2,800	»	»	»	2,200	»
Éclairage et chauffage..................	2,000	»	3,700	»	2,000	»
Eau..................................	»	»	300	»	»	»
Papeterie, correspondance, publicité, imprimés pour le bureau commercial.....	200	»	2,700	»	3,200	»
Mobilier................................	»	»	»	»	1,000	»
Loyer ou amortissement des locaux, impôts, assurances, etc.....................	»	»	17,272	25	10,500	»
Pertes sur les déjeuners................	»	»	6,000	»	»	»
Frais divers. — Prix, médailles, diplômes..........	»	»	»	»	900	»
Frais divers. — Cours de sténographie............	400	»	»	»	»	»
Frais divers. — Autographies....................	»	»	»	»	2,500	»
Frais divers. — Jetons de présence des administrateurs.	»	»	»	»	600	»
Frais divers. — Visites industrielles...............	500	»	»	»	»	»
Frais divers. — Bourses........................	»	»	1,000	»	»	»
Frais divers. — Divers.........................	800	»	1,000	»	»	»
TOTAUX.........F.	52,900	»	100,572	25	68,900	»

Dans les écoles de création récente, les frais de premier établissement ont été :

Au Havre, d'environ 16,500 francs, dont 7,800 pour appropriation du local qui est loué 3,000 francs ;

A Marseille, d'environ 26,000 francs, dont 7,400 pour appropriation du local qui est loué 10,000 francs ;

A Lyon, 91,000 francs, dont 62,000 pour appropriation du local qui a coûté 433,000 francs.

12° Installation et distribution du local.

Indépendamment des salles et amphithéâtres en nombre suffisant pour les études et les leçons des différentes divisions, du cabinet du directeur, de la salle de conseil et de quelques logements, chacune des écoles supérieures renferme des cabinets de physique et de chimie, un laboratoire, une bibliothèque et une salle d'échantillons. Les collections du musée et de la bibliothèque d'Anvers sont variées et très nombreuses ; le musée est surtout remarquable. Celui de Lyon, quoique moins important, mérite également d'être cité.

Enfin, les écoles de Lille, Marseille et Lyon, ont de plus un réfectoire avec tout le matériel indispensable pour les déjeuners des élèves, et celle de Paris le matériel et les locaux nécessaires pour l'internat.

2° GROUPE.
Écoles commerciales d'enseignement moyen ou préparatoire.

J'arrive maintenant, Messieurs, aux écoles de commerce de la deuxième catégorie, c'est-à-dire celles d'enseignement moyen ou préparatoire. Il faut comprendre dans cette classe :

1° La division commerciale de l'école professionnelle de Mulhouse ;

2° L'école commerciale de la rue Trudaine, à Paris.

De ces deux écoles, je ne dirai que quelques mots ; car, par la nature de leur enseignement et le but qu'elles se proposent, elles ont peu de rapport avec l'établissement supérieur projeté à Bordeaux.

La division commerciale de l'école de Mulhouse [1] ne renferme actuellement que 11 élèves ; l'enseignement qui y est donné en une seule année comprend l'allemand, l'anglais, le français, l'écriture, l'histoire et la géographie, la tenue des livres et l'arithmétique commerciale, la physique, la chimie et l'histoire naturelle. Il ne comprend ni la législation, ni l'économie politique, ni les marchandises, ni le bureau commercial. Dans l'origine, il avait surtout pour but de préparer des jeunes gens pour l'École supérieure de commerce, qui n'existe plus aujourd'hui à Mulhouse.

L'école commerciale de la rue Trudaine a été fondée en 1863 par la Chambre de commerce de Paris ; elle renferme actuellement, dans ses quatre années d'études, 420 élèves externes payant 20 fr. par mois. Ces élèves, qui sont admis dans l'école dès l'âge de dix ans et sans examen préalable, y reçoivent, en même temps qu'une instruction morale et religieuse, un enseignement spécial qui a pour but de les préparer aux diverses carrières du commerce et de l'administration.

Cet enseignement comprend le français et les langues étrangères (allemand, anglais et espagnol) ;

[1] Voir pages 38 et suivantes pour les autres renseignements relatifs à l'école professionnelle de Mulhouse.

3

l'écriture, les mathématiques, la comptabilité, l'histoire et la géographie, le droit usuel et commercial, l'économie politique et le dessin. A leur sortie, les élèves sont généralement tous placés, par les soins de l'école, comme commis dans des maisons de la capitale, avec des appointements variant de 50 à 150 fr. par mois, suivant leur âge. L'école, qui a coûté un million, n'a d'autres ressources que les rétributions des élèves, qui suffisent pour faire face à toutes ses dépenses.

Conclusion. Ici se termine, Messieurs, cet aperçu général sur les écoles de commerce que j'ai visitées. Il doit vous montrer que le programme que vous avez étudié pour la division commerciale de l'école supérieure de Bordeaux peut être mis à exécution sans que vous ayez à lui faire subir de modification. Vous aurez seulement à vous prononcer entre les deux méthodes suivies pour le bureau commercial. Je vous ferai remarquer, toutefois, que la séparation en bureaux ne peut se faire qu'en deuxième année, et qu'il serait peut-être prématuré de se prononcer maintenant entre les deux systèmes. Ils m'ont paru l'un et l'autre donner des résultats satisfaisants. Dans quelques jours vous nommerez un professeur de bureau commercial, qui pourra être consulté utilement à ce sujet ; il me semble donc préférable d'ajourner cette question, qui peut avoir une grande importance pour l'avenir de notre école.

Sous cette réserve, j'ai l'honneur de vous proposer le maintien de votre programme tel qu'il a été approuvé dans votre séance du 14 janvier dernier.

TITRE III

Écoles d'industrie.

TITRE III

Écoles d'industrie.

Messieurs, les écoles d'industrie que j'ai visitées peuvent se diviser en deux classes : la première comprend les écoles dans lesquelles les élèves consacrent aux travaux manuels beaucoup moins de temps qu'aux autres études. Elle se subdivise en deux groupes : celui des écoles supérieures qui admettent les élèves à partir de quinze ans et au-dessus ; et celui des écoles industrielles proprement dites, qui les admettent au-dessous de quinze ans. La deuxième classe comprend, dans un seul groupe, les écoles d'arts et métiers et celles d'apprentis, dans lesquelles les élèves s'exercent aux travaux des ateliers, pendant la moitié au moins de leur temps d'étude. Comme pour les écoles de commerce, j'essaierai de comparer entre elles les écoles de ces différents groupes, en adoptant la marche que j'ai déjà suivie pour les premières.

Le groupe des écoles supérieures comprend :
    1° La division supérieure et la division industrielle de l'école professionnelle de Mulhouse ;

2° Les trois divisions de technologie, d'agronomie et de génie civil de l'institut de Lille ;

3° L'école supérieure d'industrie de Rouen ;

4° L'école centrale lyonnaise.

Il comprend, en outre, deux écoles spéciales : l'école des mines de Saint-Étienne et l'école d'architecture de Paris, dont je dirai quelques mots après avoir terminé l'examen des précédentes.

1° But proposé et temps d'existence.

L'école professionnelle de Mulhouse a été ouverte en 1854 avec le concours de la ville et de la société industrielle. C'est en quelque sorte un collége d'enseignement spécial, mais plus développé que les autres institutions du même genre, en ce sens que l'enseignement y est à la fois théorique et pratique. Il s'adresse en même temps aux jeunes gens qui se destinent aux carrières du commerce et de l'industrie.

Indépendamment de la division commerciale dont j'ai déjà parlé, cette école comprend une division élémentaire et une division d'enseignement secondaire spécial, qui devraient être comprises dans le deuxième groupe, et deux autres divisions, l'une dite supérieure et l'autre industrielle, qui se rattachent au groupe des écoles supérieures.

L'institut industriel, agronomique et commercial du Nord de la France, fondé avec le concours du département et de la ville, a ouvert ses cours, le 2 décembre 1872, dans le local de l'ancienne école des arts et des mines de Lille. Il comprend, indépendamment de l'école commerciale déjà citée, une école industrielle séparée en deux sections, l'une dite de technologie et l'autre de génie civil. Cette école industrielle a pour but de former des chefs d'établissement et des directeurs et chefs d'atelier pour les principales industries de la région du Nord. Il est, en outre, destiné à ouvrir cette carrière à quelques sujets d'élite propres à devenir de précieux auxiliaires pour les chefs des grands établissements. L'institut comprend, de plus, une troisième division ou école agronomique, partagée en deux sections correspondantes, et qui a pour but de donner aux fils de propriétaire et de fermier les connaissances scientifiques nécessaires pour appliquer à la culture les méthodes perfectionnées et y rattacher les industries agricoles.

L'école supérieure d'industrie de Rouen date d'octobre 1872; elle se propose de former des chefs de fabrique et de manufacture, des directeurs d'usine pour la filature, le tissage, la teinture, les impressions, les arts chimiques et la mécanique. A cette école sont annexés un laboratoire de chimie analytique et industrielle, et une école spéciale de tissage qui n'a été ouverte qu'en octobre 1873.

L'école centrale lyonnaise, due à l'initiative privée, a été fondée en 1857; elle a pour but de donner aux jeunes gens un enseignement spécial qui leur facilite l'entrée des carrières industrielles.

Indépendamment des rétributions scolaires, l'école de Mulhouse reçoit une subvention de 18,000 fr. de la ville et une subvention de 18,000 fr. de l'État allemand.

Les ressources de l'institut de Lille et de l'école de

2° Ressources actuelles.

Rouen sont celles qui ont déjà été indiquées à propos des écoles de commerce.

Enfin, l'école centrale lyonnaise ajoute à la recette scolaire une subvention de 2,800 fr. de la municipalité de Lyon, une subvention de 1,500 fr. de la Chambre de commerce, et une subvention de 2,800 fr. du Conseil général, représentée par des bourses. Dans les autres écoles, un certain nombre d'allocations annuelles, sous forme de bourses, doivent être comprises dans les ressources indiquées.

3° Composition des Conseils administratifs.

L'école de Mulhouse est administrée par le préfet supérieur, celles de Rouen et de Lille par des commissions administratives dont j'ai déjà parlé à propos des écoles de commerce, et l'école centrale lyonnaise par un conseil de fondateurs composé de sept membres. A Mulhouse, comme à Lille, il y a de plus un conseil de perfectionnement.

4° Régime adopté.

L'école de Mulhouse reçoit des internes, des demi-pensionnaires et des externes. Dans les trois autres écoles, on n'admet que des externes. Ils doivent être placés sous la responsabilité de parents ou correspondants, et ne portent pas d'uniformes.

A l'école centrale lyonnaise des auditeurs libres, pour un ou plusieurs cours, peuvent être admis, comme aux écoles de Lille et de Rouen.

5° Durée et nature de l'enseignement.

La division élémentaire et la division d'enseignement spécial de l'école de Mulhouse comprennent chacune 4 années d'études ; la division supérieure ne comprend qu'une année. L'ensemble de ces 9 années d'études constitue ce qu'on appelle, en Allemagne, une *école réale de second ordre*. Un élève sortant de la classe la plus élevée, avec un certificat de *maturité*, est préparé pour subir les examens d'entrée, soit des écoles polytechniques allemandes, soit de l'école centrale de Paris. A côté de l'école réale, l'école professionnelle comprend une section industrielle dont les cours durent deux années.

La durée des études de la division industrielle de l'institut de Lille est de 2 ans, pour la section de technologie, et de 3 ans, pour la section du génie civil. La durée des études des sections correspondantes de la division agronomique est également de deux et trois ans. Les élèves des divisions de technologie et de génie civil doivent choisir la branche industrielle à laquelle ils se destinent, et, en dehors d'un enseignement général commun, ils reçoivent un enseignement spécial. Les spécialités sont au nombre de trois (1° arts mécaniques, 2° filature et tissage, 3° industries chimiques) pour les élèves de technologie, et de quatre (1° construction des machines, 2° mines et métallurgie, 3° filature et tissage, 4° industries chimiques) pour les élèves du génie civil.

A l'école industrielle de Rouen, la durée des études est de 3 années; les élèves y sont également divisés en spécialités, mais à partir de la deuxième année seulement. Les spécialités de l'école de Rouen sont les trois suivantes : 1° industries textiles, comprenant la filature et le tissage ; 2° industries chimiques, comprenant la teinture, l'impression et les arts chimiques ; et

3° industries mécaniques, comprenant la construction des machines.

Enfin, à l'école centrale lyonnaise, les études durent trois années, pendant lesquelles les élèves ne reçoivent qu'un enseignement général.

L'enseignement donné dans ces différentes écoles est à la fois théorique et pratique.

L'enseignement théorique général comprend : le français et les langues vivantes (allemand et anglais) [1] ; les mathématiques (algèbre, géométrie, arpentage et nivellement, trigonométrie et analyse géométrique) ; la géométrie descriptive, la mécanique, la physique, la chimie et l'histoire naturelle, la comptabilité et le dessin. L'école de Mulhouse ajoute à ces matières l'histoire et la géographie ; celle de Rouen, la correspondance commerciale et industrielle ; enfin, les écoles de Rouen, Lille et Lyon y ajoutent la physique et la chimie industrielles, la chimie analytique, la cinématique, la résistance des matériaux, l'architecture, les constructions industrielles, les machines à vapeur et les moteurs hydrauliques, la législation et l'hygiène.

L'enseignement théorique spécial comprend, à Lille et à Rouen, la mécanique des filatures et tissages, l'histoire des matières textiles, la teinture et les impressions, la construction des machines. L'école de Lille y ajoute, pour la division industrielle : l'exploitation des mines, la métallurgie et les chemins de fer ; et pour la section d'agronomie : l'agriculture, les machines agri-

---

[1] Il existe, en outre, à l'institut de Lille, des cours facultatifs d'espagnol et d'italien.

coles, la chimie agricole et la zootechnie. Les deux sections de technologie et de génie civil comprennent, d'ailleurs, à peu de chose près, les mêmes matières d'enseignement; elles sont seulement beaucoup plus développées dans la deuxième division que dans la première. J'ai rapporté les programmes détaillés d'une grande partie des cours énumérés ci-dessus, ils pourront être d'une grande utilité pour l'étude des programmes de l'école supérieure de Bordeaux.

L'enseignement pratique de ces différentes écoles est donné dans les laboratoires et dans les ateliers.

Dans les laboratoires, les élèves exécutent, sous la direction du professeur, des préparations et des analyses. A Lille et à Rouen, les élèves de la spécialité des industries chimiques se livrent de plus à la fabrication des échantillons teints et imprimés, et répètent, dans une salle spéciale de teinture, les principales opérations de la fabrique. Pendant ce temps, les élèves de la spécialité des industries textiles travaillent au métier dans des ateliers spéciaux. L'école de tissage de Rouen comprend de plus un petit cours de dessin, de mathématiques et de mécanique élémentaires, pour les élèves libres qui ne suivent pas les autres cours de l'école supérieure.

Dans les ateliers, les élèves sont exercés au travail du bois et des métaux.

Dans l'atelier de menuiserie, ils apprennent d'abord le maniement de la scie et du rabot; puis ils exécutent de petits modèles d'assemblage, de charpente, etc., et quelques petits travaux de tour.

Dans l'atelier de mécanique, ils sont avant tout

exercés au maniement de la lime ; puis on leur fait construire des cubes, règles, équerres, marteaux, écrous, etc... Ceux qui ont fait des progrès plus rapides sont employés aux petites réparations courantes et à des ouvrages de forge élémentaires. A l'école centrale lyonnaise, ils font de plus quelques travaux de ferblanterie. Quand ils sont plus exercés, on leur fait exécuter des ouvrages plus difficiles, tels que la construction de pièces de machine et d'objets d'outillage. Ils travaillent même aux réparations des machines des ateliers.

L'institut de Lille possède de plus un champ spécial d'expérimentation, destiné à être affecté à diverses expériences de culture, et notamment à des essais comparatifs sur les rendements obtenus à l'aide des divers engrais.

Comme complément de l'enseignement pratique, les élèves de ces différentes écoles font, pendant la belle saison, dans les usines et établissements industriels les plus importants du voisinage, des visites fréquentes sous la conduite d'un ou de plusieurs professeurs.

Les élèves des divisions industrielles de l'institut de Lille font, en outre, comme ceux de la division commerciale, des exercices militaires.

6° Temps de présence et emploi du temps. — Le temps de présence journalier varie de 7 à 9 heures par jour. A Mulhouse, les élèves externes ne restent à l'école que 7 heures par jour (de 7 à 11 heures ou midi le matin, suivant la classe, et le soir de 2 heures à 4 ou 5 heures, suivant la classe) ; le mercredi et le samedi, ils sont libres dans l'après-midi.

A l'école centrale lyonnaise, le temps de présence est de 7 heures et demie par jour (de 8 heures à midi le matin et de 2 heures à 5 heures et demie le soir). Deux fois par semaine des cours de langues ont lieu le soir de 5 heures et demie à 6 heures et demie. Les élèves ont congé dans l'après-midi du jeudi.

Enfin, à Lille et à Rouen, le temps de présence est de 9 heures par jour, comme cela a été indiqué à propos des écoles de commerce.

La durée des cours varie de 50 minutes à 1 heure et demie.

A Mulhouse, les leçons ne sont faites que pendant 50 minutes; elles sont toutes suivies d'une récréation de 10 minutes, d'après le système suisse. A Lille, Rouen et à l'école centrale lyonnaise, les cours durent généralement une heure et demie; les séances de dessin seules font exception, elles sont d'une heure à l'école lyonnaise et de deux heures aux écoles de Rouen et de Lille. Dans cette dernière école, chaque leçon de la matinée est suivie d'une étude d'une demi-heure obligatoirement consacrée à revoir et à compléter les notes prises à l'amphithéâtre.

Le temps consacré aux travaux pratiques est très variable. A l'école centrale lyonnaise, il n'y a qu'une seule séance d'atelier par semaine; elle a lieu le jeudi matin et dure deux heures; les élèves des trois années y sont admis en même temps. A Rouen, 5 heures par semaine sont consacrées aux travaux manuels; à Mulhouse, 6 heures dans la première année industrielle et 10 heures dans la deuxième; enfin, à Lille, cinq séances de 2 heures et demie sont employées, soit aux travaux d'atelier, soit au laboratoire.

La durée de l'année scolaire est de 9 mois et demi à l'école centrale lyonnaise, de 10 mois à Lille et à Rouen, et de 10 mois et demi à l'école de Mulhouse.

La rentrée a lieu vers le 15 octobre, sauf à l'école lyonnaise où elle a lieu le 3 novembre.

7° Age d'admission, examens d'entrée, de passage et de sortie.

—

Punitions et récompenses.

L'âge minimum d'admission dans ces diverses écoles varie de 15 à 17 ans, en exceptant, bien entendu, la division élémentaire de l'école professionnelle de Mulhouse, qui reçoit des élèves de 9 à 12 ans, et la division d'enseignement spécial de la même école, qui les prend à 12 ans et les garde jusqu'à 16.

L'âge de 15 ans accomplis est exigé pour les élèves de première année des divisions de technologie et d'agronomie de l'institut de Lille, et aussi pour les élèves libres qui veulent suivre les cours de tissage de l'école de Rouen.

L'âge de 16 ans révolus est obligatoire pour l'admission en première année à l'école de Rouen, à l'école centrale lyonnaise, et aussi dans la division du génie civil de l'institut de Lille. L'âge de 17 ans, enfin, est exigé des élèves qui veulent entrer dans la division supérieure de l'école de Mulhouse.

Des examens d'entrée sont exigés dans toutes ces écoles; ils comprennent, en général, les matières suivantes : arithmétique, algèbre, géométrie et les éléments de physique. A ces matières, l'école de Rouen ajoute le français, l'allemand ou anglais, et le dessin; et les écoles de Lille et de Lyon, les éléments de chimie et d'histoire naturelle. L'école de Lille y ajoute, en outre, mais pour la division du génie civil seulement, la géographie, la trigonométrie et les éléments de géométrie descriptive.

Sont dispensés de l'examen d'entrée : les bacheliers ès lettres, à Rouen et à Lille (division de technologie); les bacheliers ès sciences à Lyon, Rouen et Lille; et les diplômés de l'enseignement secondaire spécial à Rouen et à Lille. L'école de Lille admet de plus en deuxième année de génie civil, sans examen, les admissibles à l'école polytechnique et à l'école normale supérieure.

A Mulhouse, les élèves, d'après le système adopté en Allemagne, ne font pas de compositions et ont très peu d'examens. Dans les autres écoles ont lieu des examens hebdomadaires et trimestriels, et des examens généraux de passage et de sortie; ils sont, en général, faits par les professeurs.

Les moyens disciplinaires sont les mêmes que ceux que j'ai déjà indiqués pour les écoles de commerce.

A la fin de la dernière année, des diplômes et des certificats de capacité sont délivrés aux élèves qui ont subi leurs examens d'une manière satisfaisante. A l'école centrale lyonnaise, il n'est pas délivré de certificats, mais les diplômes sont de deux classes. A Lille, les élèves de la division du génie civil reçoivent des diplômes d'ingénieurs signés par le préfet. On distribue, en outre, dans la même école, des médailles d'or aux premiers des promotions dans le génie civil, et des médailles d'argent dans les autres divisions.

L'école de Mulhouse renferme, indépendamment des 11 élèves déjà mentionnés dans la division commerciale, 236 élèves dont :

> 92 dans la division élémentaire;
> 94   do   spéciale;
> 7   do   supérieure;
> 43   do   industrielle.

Dans ce nombre, il y a seulement 25 internes.

L'institut de Lille renferme, sans compter les 8 élèves de la division commerciale cités précédemment, 60 élèves dont :

> 29 dans la division de technologie, savoir : { 20 en 1re année. / 9 en 2e do
>
> 29 dans la division du génie civil, savoir : { 18 en 1re année. / 7 en 2e do / 4 en 3e do
>
> 2 dans la division d'agronomie, savoir : { 1 en 1re année. / 1 en 2e do

L'école centrale lyonnaise renferme 40 élèves dont :

> 13 en 1re année.
> 12 en 2e   do
> 12 en 3e   do
> et 3 élèves libres qui suivent les cours de chimie et les manipulations.

Enfin, l'école supérieure de Rouen renferme, dans sa division industrielle, 10 élèves dont :

> 4 en 1re année,
> 4 en 2me année,
> et 2 élèves libres qui suivent les cours de chimie et les manipulations.

(¹) Le nombre total des élèves des écoles mixtes, c'est-à-dire à la fois commerciales et industrielles, est le suivant : Mulhouse 247, Lille 68, et Rouen 45. L'école de Lille n'en avait que 46 en 1873.

Comme je l'ai déjà dit pour les écoles de commerce, ces écoles ne prennent aucun engagement pour le placement des élèves à leur sortie ; elles se bornent à patronner ceux qui le méritent.

A Mulhouse, les élèves externes de la division élémentaire paient 100 fr. par an ; ceux de la division spéciale 120 fr., et ceux des autres divisions 150 fr. Les internes paient 800 fr. et les demi-pensionnaires 500 fr.

A Lille, la rétribution scolaire est de 300 fr. par an, plus 1 fr. 50 c. par repas ; à Rouen et à l'école centrale lyonnaise, elle est de 700 fr. par an ; de plus, à l'école supérieure de Rouen, les élèves qui ne suivent que le laboratoire de chimie doivent payer annuellement 1,000 fr., et ceux qui ne suivent que les cours de l'école de tissage 250 fr. A Lille, la rétribution exigée des auditeurs libres est de 1 fr. par cours et par séance, sans que le montant total de leurs versements puisse excéder 300 fr. A Mulhouse, les élèves paient, en plus des frais mentionnés plus haut, 30 fr. par an pour la fréquentation des ateliers de menuiserie et 50 fr. pour les ateliers de mécanique.

Les fournitures scolaires et d'atelier sont tantôt faites par l'école, tantôt achetées directement au dehors par les élèves. A Lille et à Lyon, les frais de ces fournitures s'élèvent en moyenne à 60 ou 70 fr. par an et par élève.

Le personnel administratif se compose généralement d'un directeur, d'un secrétaire ou économe, d'un

9° Rétribution
scolaire et frais
accessoires.

10° Personnel
administratif
et enseignant.

concierge, de surveillants et de garçons de salle en nombre suffisant. A Lille, il y a de plus un inspecteur des études ou sous-directeur, qui est en même temps professeur, et à Mulhouse, un sous-directeur spécialement chargé de l'internat.

Le nombre des professeurs est très variable : il y en a 8 à l'école centrale de Lyon, 18 à l'école supérieure de Rouen, 23 à Mulhouse et 29 à Lille. Leurs traitements varient : à Lille, de 400 à 5,000 fr.; à Mulhouse, de 1,200 à 5,000 fr.; à Rouen, de 2,000 à 7,600 fr. Ils n'ont pas de retraite. Presque tous ont des occupations lucratives en dehors de l'école.

Les professeurs de l'école de Mulhouse se réunissent une fois par semaine en conférence sous la présidence du directeur de l'école, pour traiter ensemble soit des questions d'enseignement ou de discipline, soit des questions de pédagogie.

Le personnel des ateliers est composé : à Mulhouse, d'un ingénieur chargé des ateliers, de deux contre-maîtres dont un pour la menuiserie et l'autre pour la mécanique, et de deux apprentis ou ouvriers; à Lille, d'un chef d'atelier qui est en même temps professeur de dessin, et de deux contre-maîtres; à l'école lyonnaise, il n'y a qu'un chef de travaux manuels. Pour les travaux de tissage, il y a de plus deux contre-maîtres à Lille et un seul à Rouen. Dans cette dernière école, il n'y a pas de personnel spécial pour les ateliers de menuiserie et de mécanique, les travaux manuels étant exécutés en dehors de l'établissement, dans les ateliers de l'école professionnelle dont il sera parlé ci-après.

Les dépenses annuelles varient, dans ces différentes écoles, de 32,000 à 126,000 fr. :

11ᵉ Dépense annuelles et de premier établissement.

A l'école lyonnaise, elles sont d'environ 32,000 fr., dont 20,000 fr. pour le personnel.

A Rouen, de 66,000 fr., dont 60,000 fr. pour le personnel.

A Lille, de 87,000 fr., dont 59,000 fr. pour le personnel.

A Mulhouse, de 126,000 fr., y compris 54,000 fr. pour le personnel et les frais considérables nécessités par l'internat.

Les dépenses de premier établissement ont été :

A l'école lyonnaise, de 6,000 fr. pour installation du local, qui a coûté plus de 68,000 fr.

A Rouen, de 6,000 fr., la ville ayant fourni plus de 160,000 fr., tant en frais d'acquisition de l'hôtel qu'en dépenses de construction et d'aménagement pour le laboratoire et l'école de tissage. Le laboratoire et l'école de tissage ont coûté chacun 10,000 fr.

A Lille, de 26,000 fr., dont 16,000 fr. pour appropriation du local, qui est loué 12,000 fr.

A Mulhouse, de 350,000 fr., dont 200,000 fr. pour les locaux et 150,000 pour l'internat et le matériel des ateliers.

Pour ces trois dernières écoles, les dépenses annuelles et de premier établissement données ci-dessus sont les dépenses totales concernant à la fois la division industrielle et la division commerciale (¹).

(¹) Le détail des dépenses annuelles de l'institut de Lille et de l'école centrale lyonnaise est le suivant :

	LILLE (68 élèves).	LYON (40 élèves).
Personnel............F.	59,000	19,852
Bibliothèque, musée, achats de matières pour les ateliers, dépenses de laboratoire, etc..............	6,100	613
Éclairage et chauffage, force motrice................	2,700	449
Publicité............	»	1,105
Mobilier (complément et entretien)....................	3,000	»
Matériel des ateliers (complément et entretien)........	2,000	»
Loyer ou amortissement des locaux, impositions, assurances, etc................	13,900	8,672
Frais divers. { Prix....................	300	»
Excursions....................	»	40
Divers....................	»	563
TOTAUX............F.	87,000	31,294

12° Installation
et distribution
du local.

Les locaux sont généralement bien situés et convenablement installés pour leur destination. Il faut toutefois faire exception pour l'institut de Lille, dont le local provisoire actuel laisse beaucoup à désirer. Il ne peut contenir que 100 élèves, et sera remplacé, l'année prochaine, par un magnifique local actuellement en construction et qui coûtera plus de 800,000 fr. Indépendamment des salles et amphithéâtres en nombre suffisant pour les études et les cours des différentes divisions, du cabinet du directeur, de la salle du conseil et de quelques logements, chacune de ces écoles renferme des cabinets de physique et de chimie, une bibliothèque, un laboratoire et des ateliers. L'institut de Lille a, de plus, un réfectoire dont il a déjà été question à propos de son école commerciale, et celle de Mulhouse, tout le matériel et les locaux nécessaires pour l'internat.

Chacune de ces écoles possède, en outre, des ateliers pour les travaux pratiques des élèves.

Ces ateliers peuvent se diviser en laboratoires ou ateliers de chimie industrielle, teinture et impression ; ateliers de tissage ; ateliers de menuiserie et ateliers de mécanique.

Les travaux de teinture ne se font qu'aux écoles de Rouen et de Lille. Le laboratoire de Rouen est le plus complet et le mieux distribué ; il est établi dans un bâtiment spécial dépendant de l'école et comprend : au rez-de-chaussée, le laboratoire proprement dit, composé d'une salle d'analyse, une salle de balances, une salle de teinture et impressions, un magasin de produits chimiques, et au premier étage, un amphithéâtre pour les cours, une salle de collections et un laboratoire pour le professeur.

Les travaux de tissage ne se font qu'à Lille et à Rouen. A Lille, ils ont lieu dans un atelier distinct pourvu de tous les métiers nécessaires ; à Rouen, cet atelier est séparé de l'école et placé dans un local spécial, qui a pris le nom d'école pratique de tissage.

Les ateliers de menuiserie comprennent :

A Mulhouse, 24 établis et 6 étaux.
A Lille, 8 établis, 1 ventilateur et 2 tours au bois.
A Lyon, 9 établis.

Les ateliers de mécanique :

A Mulhouse, 1 forge à quatre feux, 42 étaux, 5 tours, 3 machines à percer, 1 limeuse, 1 machine à raboter, 1 machine à mortaiser, 1 meule, etc., 1 machine à vapeur.
A Lille, 2 forges doubles, 60 étaux, 7 tours, 2 machines à percer, 1 machine à raboter, 3 meules, etc., 1 machine à vapeur.
A Lyon, 2 forges, 10 étaux, 12 tours et 2 bancs de ferblantier.

Ces divers ateliers comprennent, en outre, tout le petit outillage nécessaire. L'école de Rouen seule ne comprend pas d'ateliers de menuiserie et de mécanique ; elle fait faire les travaux manuels de ses élèves dans les ateliers de l'école professionnelle.

L'école de Mulhouse et celle de Lyon ont de plus une vaste salle de mécanique, renfermant une collection variée de machines et pièces de machines, ainsi qu'un grand nombre d'appareils de démonstration, qui ont été en grande partie exécutés à l'école.

Un musée industriel remarquable appartenant à la ville, et placé actuellement dans les locaux de l'Hôtel de Ville, doit être donné à l'institut de Lille lorsqu'il sera installé dans son nouveau local.

Écoles spéciales se rattachant au groupe des écoles supérieures.

Je terminerai, Messieurs, cette étude des écoles supérieures par quelques mots sur deux écoles spéciales : l'école des mines de Saint-Étienne et l'école d'architecture de Paris.

L'école des mines de Saint-Étienne, fondée par l'État en 1817, renferme 42 élèves, dont 24 en première année et 18 en deuxième ; elle est destinée à former des gardes-mine et des ingénieurs pour la direction des mines et établissements métallurgiques. Les élèves n'y sont admis qu'après un examen portant sur les matières ci-après : français, arithmétique, géométrie, algèbre, trigonométrie, géométrie descriptive, physique et chimie ; ils doivent avoir 16 ans au moins et 25 ans au plus ; ils sont externes et ne paient aucune rétribution. Un uniforme du prix de 200 fr. leur est imposé. Les études durent deux ans. Elles comprennent : les compléments d'algèbre et de trigonométrie ; la géométrie analytique ; la géométrie descriptive et ses applications aux ombres et à la coupe des pierres ; la mécanique et la construction des machines ; la physique et la chimie générales et appliquées ; la chimie analytique et la métallurgie ; la géologie, la minéralogie et l'exploitation des mines ; la préparation mécanique des minerais ; le nivellement et le levé des plans de surface et des plans de mine ; le dessin, le lavis, et les constructions ; enfin, la comptabilité. Indépendamment des leçons qui sont données dans les amphithéâtres et des travaux graphiques exécutés dans les salles de dessin, les élèves sont initiés, dans des laboratoires disposés à cet effet, aux manipulations et analyses chimiques ; ils étudient les collections minéralogiques, visitent les mines des environs, etc., etc. A la fin de la deuxième année scolaire, ils font un voyage dont l'itinéraire leur est tracé par le conseil de l'école, et doivent rendre compte de leurs observations dans des rapports et mémoires accompagnés de dessins et de croquis. Ils sont présents à l'école chaque année pendant 10 mois, de 8 heures à midi et de 2 heures et demie à 7 heures du soir. Pendant le cours de leurs études, ils subissent des examens partiels et généraux, et à la fin de la dernière année, ceux qui en ont été reconnus dignes reçoivent des brevets de 1re, 2e ou 3e classe, délivrés par le ministre des travaux publics. Les élèves sortis de l'école avec brevets sont généralement tous placés, par l'entremise de l'administration, dans des postes dont les émoluments varient de 1,800 fr. à 2,000 fr.

Le personnel de l'école se compose de l'ingénieur en chef directeur, de trois ingénieurs ordinaires professeurs, de deux répétiteurs et de deux surveillants.

L'école spéciale d'architecture de Paris a été fondée en 1865 ; elle a pour but l'instruction spéciale et complète de l'architecte. Les élèves n'y sont admis qu'après un examen portant sur le dessin, le français, l'arithmétique, l'algèbre, la géométrie, la géométrie descriptive et la géographie. Ils sont externes et paient 850 fr. par an. Les études normales durent trois ans. Elles comprennent : la stéréotomie, l'étude des ombres et la perspective ; la physique et la chimie générales, la physique et la chimie appliquées aux constructions ; la géologie ; l'histoire naturelle ; les constructions et leur stabilité ; la machinerie des constructions ; l'hygiène ; la législation et la comptabilité appliquées aux constructions, l'économie politique, l'histoire des civilisations, l'histoire comparée de l'architecture et enfin la théorie de l'architecture. Indépendamment des exercices de dessin qui sont exécutés dans les salles et des leçons données dans les amphithéâtres, l'école comprend plusieurs ateliers dirigés par des architectes. Chaque élève en entrant choisit son atelier, dans lequel il est entièrement libre et peut distribuer et utiliser son temps comme il le désire. Les élèves sont présents à l'école pendant 9 mois, de 10 heures du matin à 5 heures du soir.

A la fin de la troisième année d'études, ceux qui ont satisfait à toutes les épreuves sont admis à un concours général, à la suite duquel ils reçoivent des certificats de constructeurs ou des diplômes. Des prix leur sont également distribués. L'élève qui sort avec le premier diplôme obtient le grand prix de sortie d'une valeur de 1,200 fr.

Le personnel de l'école se compose d'un directeur, de seize professeurs, trois chefs d'atelier, un professeur de dessin, un professeur adjoint, dix répétiteurs et deux préparateurs.

Le groupe des écoles industrielles proprement dites comprend :

2ᵉ GROUPE.
Écoles industrielles.

    1° L'école La Martinière de Lyon ;
    2° L'école municipale professionnelle de Rouen ;
    3° L'école industrielle du Havre.

Il faut y comprendre également : la division élémentaire et la division d'enseignement spécial de l'école professionnelle de Mulhouse, dont j'ai déjà parlé à propos du groupe précédent ; certaines écoles spéciales, telles que les écoles industrielles d'Amiens, de Liége et de Gand, dont les cours n'ont généralement lieu que le soir ; et enfin les écoles spéciales de dessin, telle que l'école de dessin de Saint-Étienne et l'école de dessin des apprentis bijoutiers de Paris.

L'école La Martinière a été fondée, en 1831, par la ville de Lyon avec les capitaux légués dans ce but par le major général Martin, mort dans l'Inde. C'est une école polytechnique professionnelle destinée à l'enseignement gratuit des sciences et des arts appliqués au commerce et à l'industrie. Elle s'adresse surtout au fils de l'ouvrier, de l'artisan, du petit fabricant ou du petit commerçant lyonnais.

1° But proposé
et temps
d'existence.

Les écoles du Havre et de Rouen sont des écoles municipales ; elles ont pour but de préparer des élèves aux écoles des arts et métiers, et de former des commis, des ouvriers et des contre-maîtres pour les diverses industries de la localité. L'école de Rouen prépare de plus aux emplois de piqueur, agent-voyer, etc.

<table>
<tr><td>2° Ressources
actuelles.</td><td>L'école La Martinière a un revenu de plus de 100,000 francs qui couvre amplement toutes ses dépenses ; quant aux écoles de Rouen et du Havre, elles sont entretenues aux frais de la ville. Au Havre, les rétributions scolaires sont versées dans la caisse municipale qui pourvoit à toutes les dépenses; à Rouen, la ville ne donne à l'école que 30,000 francs d'allocation, mais elle laisse les sommes versées par les élèves entre les mains du directeur, qui est chargé à ses risques et périls, de toutes les dépenses y compris celles relatives à l'internat.</td></tr>
<tr><td>3° Composition
des Conseils
administratifs.</td><td>L'école La Martinière est administrée, sous l'autorité et la surveillance du préfet, par une commission gratuite composée de sept membres, choisis par le Conseil municipal parmi les notabilités de la ville. Cette commission est présidée par le maire et a pour vice-président l'exécuteur testamentaire du major général Martin.</td></tr>
</table>

L'école professionnelle de Rouen est placée sous la surveillance du maire et d'un conseil de perfectionnement, et l'école industrielle du Havre, sous la surveillance d'un comité de patronage.

4° Régime
adopté.

L'école La Martinière et celle du Havre n'admettent que des externes. L'école de Rouen reçoit en outre des pensionnaires et des demi-pensionnaires. A l'école La Martinière les places sont, avant tout, réservées aux élèves dont les parents sont domiciliés à Lyon.

La durée de l'enseignement ordinaire à l'école La Martinière est de deux ans. Il y existe toutefois une troisième année d'études, dans laquelle ne peuvent être admis que les élèves qui ont obtenu des succès dans les deux premières.

A Rouen, l'école professionnelle renferme deux divisions, dont une préparatoire où les élèves complètent leur instruction primaire, et une division spéciale comprenant quatre années d'études, où les élèves reçoivent l'instruction professionnelle.

Quant à l'école industrielle du Havre, elle renferme une division préparatoire ou d'enseignement primaire, comprenant trois années d'études, et une division spéciale, de trois années également, dans lesquelles les élèves reçoivent un enseignement complémentaire.

L'enseignement de ces différentes écoles est à la fois théorique et pratique.

L'enseignement théorique comprend : la morale ou l'instruction religieuse, la calligraphie, le français, l'arithmétique, l'algèbre et la géométrie, la cinématique, la mécanique, la tenue des livres, la comptabilité, une ou deux langues vivantes (anglais et allemand), la physique, la chimie, et le dessin architectural et industriel. A ces matières, l'école du Havre a ajouté l'histoire naturelle élémentaire et l'hygiène, celle de Rouen des notions de construction. Les écoles du Havre et de Lyon y ont également ajouté l'histoire et la géographie ; et celles de Lyon et de Rouen la géométrie descriptive et la trigonométrie.

L'enseignement pratique est donné dans des ateliers.

A l'école La Martinière, il est facultatif et les ateliers sont au nombre de trois : 1° un atelier de mécanicien-tourneur et de menuiserie, où l'élève apprend à connaître, à débiter, à travailler et à assembler les bois et les métaux; 2° une atelier de sculpture pratique comprenant le modelage en terre, la mise au point, la taille et l'ornementation de la pierre tendre et du bois, ainsi que le moulage en plâtre; 3° un atelier de construction de modèles d'organes mécaniques et de machines, qui fournit à l'école le moyen de composer et de compléter à peu de frais les collections de son musée d'enseignement.

A l'école de Rouen, les élèves exécutent dans un atelier des travaux de forge, d'ajustage et de tour sur métaux; dans un deuxième atelier, des travaux de menuiserie générale, d'assemblage, de tour sur bois et de modelage. Ils sont d'abord exercés au maniement de la lime, de la varlope et du ciseau, puis on leur apprend à se servir du tour. Ils fabriquent ensuite de petits objets, des outils de différentes sortes, et se livrent enfin à la construction de quelques machines peu compliquées. Les objets confectionnés par les élèves sont déposés, ainsi que leurs dessins, dans une vitrine d'exposition jusqu'au concours de fin d'année, puis ils deviennent leur propriété, à condition qu'ils paient la valeur de la matière première. Dans le cas contraire, les objets appartiennent à l'école, qui les conserve pour les donner, à l'occasion, aux visiteurs. La conduite de la machine à vapeur est confiée à tour de rôle aux élèves, sous la direction du chauffeur.

Les ateliers de l'école professionnelle de Rouen servent en même temps pour les élèves de l'école supérieure d'industrie qui viennent chaque jour pendant une heure, les jeudis exceptés, s'y exercer aux travaux manuels.

Au Havre, les ateliers servent à la fois à l'école industrielle et à l'école d'apprentis, qui est située dans le même local. Comme ils appartiennent à cette dernière école, il n'en sera question que dans le groupe suivant.

Les élèves de ces différentes écoles font en outre, pendant le semestre d'été, des visites fréquentes dans les établissements industriels de la localité.

Les élèves sont présents à l'école La Martinière de 8 heures du matin à 5 heures et demie du soir. De midi et quart à 2 heures et demie, ils peuvent aller déjeuner chez eux ou manger dans les cours s'ils ont apporté leur repas. Au Havre, ils restent à l'école de 8 heures et demie à 11 heures et demie le matin, et de 1 heure et demie à 5 heures et demie le soir. A Rouen, les élèves arrivent à 7 heures le matin, et ne quittent qu'à 8 heures du soir.

A l'école La Martinière, on applique autant que possible au travail de l'atelier le temps qui était autrefois consacré à la récréation. Vu le grand nombre des élèves, un roulement par division et par section permet d'admettre dans les mêmes ateliers, avec le même outillage et sous la direction du même personnel, la presque généralité des élèves de l'établissement. Les séances d'atelier sont de 1 heure et demie ou de 2 heures, et celles de dessin de 2 heures. La

6° Temps de présence et emploi du temps.

durée des cours varie de 1 heure à 1 heure trois quarts.

A Rouen, les élèves ont 2 heures par jour de travaux d'atelier (de 6 heures à 8 heures du soir), et 2 ou 3 heures par jour, de dessin. Le reste du temps est consacré aux leçons et aux études. Les travaux manuels n'ont lieu que pendant les trois dernières années. Le durée de l'année scolaire est de 10 mois.

7° Age d'admission, examens d'entrée, de passage et de sortie.

—

Punitions et récompenses.

Au Havre, les élèves sont admis dans la division inférieure à 6 ans accomplis, à Rouen on les prend à 11 ou 12 ans, enfin à l'école La Martinière on exige qu'ils aient 13 ans au moins et 15 ans au plus. La commission administrative peut cependant autoriser quelques exceptions.

Les examens d'entrée dans ces trois écoles ne portent que sur la lecture, l'écriture et les quatre premières règles de l'arithmétique; à Rouen, on demande de plus quelques notions de grammaire, d'histoire et de géographie.

Dans le courant des études, les élèves sont fréquemment examinés et les notes qu'ils ont méritées sont envoyées aux parents après chaque trimestre. Les moyens disciplinaires consistent en mauvais points, pensums, places de déshonneur, retenues, réprimandes, renvoi provisoire, et exclusion définitive. A la fin de chaque année, ont lieu des distributions de prix.

A l'école La Martinière, les examens généraux de fin d'année ont lieu devant un jury choisi en dehors de l'école parmi les notabilités des sciences appliquées, des arts et de l'industrie. Indépendamment des livres donnés en prix, cette école accorde aux élèves des médailles d'argent et de bronze, et donne comme primes d'encouragement à ceux qui se recommandent à la fois par la position de leurs parents et par leur bonne conduite et leurs succès, des livrets de caisse d'épargne d'une valeur de 50 à 150 francs. L'école délivre enfin des diplômes d'élève de La Martinière à ceux qu'elle juge dignes de cette distinction.

L'école La Martinière renferme plus de 400 élèves, sans compter les adultes qui suivent les cours du soir; celle de Rouen, 162 élèves dont 60 internes; et celle du Havre, 350 dont 100 dans les trois années supérieures. Plusieurs élèves de l'école La Martinière ont pu arriver à l'école centrale de Paris et même à l'école polytechnique; quelques-uns occupent aujourd'hui des positions élevées dans les ponts et chaussées et dans l'industrie. Plusieurs élèves de l'école de Rouen entrent chaque année à l'école des arts et métiers. Quant à l'école du Havre, elle donne de moins bons résultats, malgré le grand nombre d'élèves qu'elle renferme, et il est question de la supprimer et de la remplacer par une école commerciale. La division préparatoire fait, en effet, double emploi avec les écoles primaires de la ville et la division supérieure avec l'école d'apprentissage dont les élèves suivent déjà l'enseignement technique. L'école commerciale à créer recevrait ceux des élèves de la division supérieure, qui se destinent au commerce et leur donnerait un enseignement au-dessus de celui de l'école primaire,

8° Nombre des élèves.

mais moins élevé que celui de l'école supérieure de commerce.

9° Rétribution scolaire et frais accessoires.

L'enseignement donné à l'école La Martinière est entièrement gratuit. A Rouen, les internes paient 600 fr. dans la division préparatoire et 650 fr. dans la division spéciale, et les demi-pensionnaires 300 fr. dans la division préparatoire et 350 fr. dans la division spéciale; ils doivent en outre la rétribution scolaire qui est fixée chaque année par le Conseil départemental de l'instruction publique. Les externes ne paient que cette dernière. Au Havre, le prix de l'externat est de 24 fr. par an dans les classes inférieures et de 72 fr. dans les classes supérieures. Dans ces deux dernières écoles, les fournitures de classe, instruments de dessin, cahiers de rédaction et le menu outillage des ateliers sont fournis par l'école et payés à part par les élèves. Il leur est toutefois permis de s'approvisionner au dehors.

10° Personnel administratif et enseignant.

Le personnel administratif se compose, à l'école La Martinière, d'un directeur, un régisseur choisi autant que possible dans la famille du major général Martin, et qui est spécialement chargé de la gestion économique des recettes et des dépenses; un censeur, un surveillant général, deux surveillants, un concierge et des garçons de salle en nombre suffisant. A Rouen et au Havre, il n'y a qu'un directeur, des garçons et un concierge.

Le personnel enseignant comprend à l'école La Martinière 1 examinateur, 12 professeurs ou professeurs adjoints, et 19 chargés de cours ou répétiteurs.

A Rouen et au Havre il y a une dizaine de professeurs sans compter les professeurs de langues, de religion et de chant.

Le personnel des ateliers se compose : à l'école La
Martinière, de deux chefs d'atelier et de deux ouvriers;
au Hâvre, de deux contre-maîtres, payés en grande
partie par l'école d'apprentissage. A Rouen, les professeurs des ateliers sont des patrons, qui viennent tous
les soirs pendant deux heures seulement.

L'établissement et le matériel de l'école La Martinière a coûté plus de 1 million, un revenu de plus de
100,000 fr. est affecté aux dépenses de l'école. Au
Havre, le budget annuel de l'école industrielle est
de 21,000 fr. dont 13,500 fr. pour le personnel. Celui
de l'école de Rouen, qui comprend un internat, est
beaucoup plus considérable.

L'école La Martinière est installée dans un vaste local
très bien situé et convenablement disposé pour sa
destination. Il renferme de grandes salles pouvant contenir 80 élèves, une immense salle de dessin servant
pour les élèves de toutes les divisions, un laboratoire,
une bibliothèque, une salle de conseil, un cabinet pour
le directeur, puis quelques logements. Il comprend, en
outre, trois grands ateliers et une salle de machines,
de modèles et de collections très intéressante à visiter.
Le public y est admis deux fois par semaine pendant
une heure et demie ou deux heures.

Le local de l'école de Rouen n'a rien de particulier
à signaler; quant à celui de l'école du Havre, il est

très défectueux et insuffisant. La seule chose à remarquer est la disposition adoptée pour les tables des élèves, disposition qui se trouve dans presque toutes les écoles du Havre et notamment dans quelques salles de l'école supérieure de commerce. Les bancs et tables continus sont remplacés par de petits pupitres à une seule place séparés les uns des autres. On trouve dans ce système, qui est celui adopté en Amérique, l'avantage d'isoler les élèves et de faire régner dans les classes plus d'ordre et de silence. On le trouve également plus favorable au point de vue de la salubrité, mais il a le grand inconvénient de faire perdre beaucoup de place.

Le matériel des ateliers de ces différentes écoles se compose :

> A La Martinière, de 24 établis, 24 étaux et 24 tours.
> A Rouen, dans l'atelier de menuiserie, de 20 établis, 3 tours, 2 meules et un étau ; dans l'atelier de forge et d'ajustage, d'une forge à deux feux, de 84 étaux, 10 tours ordinaires, 2 tours parallèles, 1 machine à raboter et 1 machine à mortaiser.

Ces ateliers renferment, en outre, une machine à vapeur avec ses accessoires et tout le petit outillage nécessaire. Le matériel de l'école du Havre est celui de l'école d'apprentis dont il sera parlé ci-après.

Écoles spéciales se rattachant au groupe des écoles industrielles. Pour terminer cette étude des écoles industrielles, il me reste à dire quelques mots des cours du soir qui se font aux écoles d'Amiens, de Liége et de Gand ; de l'école de dessin de Saint-Étienne et de celle des apprentis bijoutiers de Paris.

L'école industrielle d'Amiens a été fondée par la Société industrielle ; elle reçoit une subvention de l'État de 5,000 fr. ; une de la ville, de 4,500 fr. et une du département, de 1,000 fr. Les cours sont publics et gratuits, ils ont lieu pendant 6 mois de l'année seulement et le soir de 7 heures un quart à 9 heures un quart. L'enseignement comprend un cours de teinture qui dure 2 ans, un cours de tissage et un cours de coupe de velours d'Amiens qui durent 3 ans. Il comprend, en outre des cours de chimie appliquée aux arts et à l'industrie, de mécanique, de comptabilité commerciale et de langues (anglais et allemand). Le cours de teinture a lieu par exception le dimanche dans la matinée, ainsi que certains cours spéciaux pour les femmes, comprenant la comptabilité et les langues vivantes. Pour être admis à suivre les cours de tissage, les élèves doivent avoir au moins 16 ans et 12 pour les autres cours ; ils doivent de plus subir un examen portant sur la lecture, l'écriture et les quatre règles. Les cours de l'école d'Amiens sont suivis par plus de 300 élèves, dont 30· suivent le cours de tissage et 16 celui de coupe de velours. Il y a en tout 9 professeurs dont les traitements varient de 400 à 1,800 fr. L'atelier de tissage contient 24 métiers à tisser et un grand nombre de tableaux articulés et appareils variés pour la démonstration. Une machine à vapeur fait mouvoir les métiers. Le local est mal agencé et insuffisant, il est question d'en bâtir un autre sur un vaste terrain que vient d'acheter la Société industrielle. La dépense d'entretien est de 6,000 fr. et les frais du personnel sont d'environ 9,000 fr.

Les cours de l'école industrielle de Liége, aux dépenses de laquelle contribuent la ville pour les deux tiers et l'État et la province pour le reste, durent 3 années. Ils comprennent le dessin, l'arithmétique, la géométrie, la géométrie descriptive, la physique, la chimie, les constructions, l'hygiène et l'économie politique. Ils sont gratuits et sont donnés le soir de 7 heures et demie à 9 heures et demie ou de 7 heures un quart à 9 heures un quart. A la fin de chaque année, on distribue des prix, et à la fin de la troisième année des diplômes. 300 élèves environ suivent les cours de l'école de Liége. Il y a 9 professeurs dont les appointements varient de 1,000 à 2,000 fr.

L'école industrielle de Gand existe depuis 15 ans environ. Les deux tiers de ses dépenses sont payées par l'État et le reste par la ville. Cette école forme des élèves en industries mécaniques, et des élèves dessinateurs industriels, en quatre années d'études ; elle forme également des élèves en industries chimiques et des élèves en industries textiles, en trois ou quatre années d'études. Elle forme enfin des élèves chauffeurs conducteurs de machines. Les cours, qui sont gratuits, ont lieu le soir et quelques-uns, par exception, le dimanche. Ils comprennent : la mécanique, la chimie, la physique, la comptabilité, l'économie industrielle, le dessin linéaire, le dessin de machine et de construction ; le dessin d'ornement et industriel, le dessin préparatoire et de modelage, les exercices de tissage et les manipulations chimiques. Ils comprennent également un enseignement industriel donné en flamand.

Les cours n'ont lieu que pendant le semestre d'hiver, le dessin seul est continué pendant l'été.

L'école délivre des diplômes et des certificats aux élèves des cinq spécialités énumérées plus haut. 900 élèves environ suivent les cours de l'école de Gand.

Les professeurs sont au nombre de 16. Leurs traitements varient de 700 à 4,000 fr.

Le local de l'école renferme des collections de chimie, de minéralogie, etc., ... dont quelques-unes sont très complètes; il renferme également une salle de machines remplie de modèles, métiers et appareils mécaniques de toutes sortes. Une machine Lenoir fait mouvoir la transmission. Le local représente plus de 100,000 fr., qui ont été payés par la ville.

L'école de dessin de Saint-Étienne est une école municipale gratuite. Les cours y sont surtout donnés le soir et sont suivis par 180 élèves. Ils comprennent le dessin linéaire, le dessin d'ornement, les fleurs, les figures, etc.... Le personnel se compose d'un directeur faisant en même temps la classe des figures, et de trois professeurs. L'enseignement de l'école ne comprend ni la sculpture ni la gravure. Autrefois, tous les cours avaient lieu dans la journée, ils ne sont faits le soir que depuis quatre ans environ. Toutefois, des séances de jour ont été maintenues; elles ont lieu de 1 heure à 4 heures du soir, mais elles sont en général peu suivies. Le local comprend deux grandes salles pour l'ornement et les modèles vivants, deux plus petites pour le dessin linéaire, et un magasin de modèles.

Les cours de dessin des apprentis bijoutiers de Paris ont été institués par les patrons bijoutiers ; ils sont entièrement gratuits et ont lieu le soir dans l'une des salles du conservatoire des arts et métiers. Les élèves y sont surtout exercés au dessin artistique ; cette école, qui est très fréquentée, est fort intéressante à visiter ; elle est toutefois trop spéciale pour être décrite avec quelques développements dans ce rapport.

3ᵉ GROUPE.
École
des
arts et métiers
et
d'apprentissage.

Le troisième groupe comprend :

1° L'école des arts et métiers d'Aix ;
2° L'école d'apprentissage du Havre ;
3° L'école municipale d'apprentis de Paris.

Il comprend en outre 3 écoles spéciales : l'école de filature et de tissage de Mulhouse ; l'école d'horlogerie de Besançon ; et l'école de maistrance de Rochefort.

1° But proposé
et temps
d'existence.

L'école d'arts et métiers d'Aix a été créée par le gouvernement en octobre 1863. Comme les écoles de Châlons et d'Angers, elle est destinée à former des chefs d'atelier et des ouvriers instruits pour les industries où l'on travaille le fer et le bois.

L'école d'apprentis du Havre a été fondée en 1867 et celle de Paris en janvier 1873 ; elles ont pour but de former, par un apprentissage rapide et raisonné et par des cours variés d'enseignement théorique, de bons praticiens : menuisiers, découpeurs, tourneurs sur bois, ajusteurs et forgerons-mécaniciens.

L'État supporte les trois quarts des dépenses de l'école d'Aix, les rétributions des élèves et les bourses des départements et des communes fournissent le reste.

L'école d'apprentis du Havre a toutes ses dépenses payées par la ville ; le prix des travaux exécutés dans les ateliers est en partie affecté aux primes et médailles distribuées aux élèves, et en partie à l'entretien et à l'augmentation du matériel de l'école.

L'école de Paris reçoit une subvention du département, et la ville supporte le reste des dépenses.

Dans les ateliers de ces deux écoles d'apprentis, les élèves exécutent sur commande des travaux, soit pour la ville, soit pour le dehors. Au Havre, les commandes sont faites par l'architecte de la ville qui en fixe le prix.

Il y a à Paris, au conservatoire des arts et métiers, une commission spéciale pour les trois écoles d'Aix, Châlons et Angers. Cette commission est nommée par le Ministre du commerce et de l'agriculture, et consultée par lui quand il le juge nécessaire. Il y a de plus, au siège de chacune de ces écoles, un conseil de l'école dont le préfet a la présidence. Les écoles du Havre et de Paris sont administrées soit par le maire, soit par une commission municipale.

L'école des arts et métiers est un internat; les écoles d'apprentis n'admettent, au contraire, que des élèves externes.

La durée de l'enseignement est de trois ans dans chacune de ces écoles. L'enseignement y est théorique et pratique.

L'enseignement théorique comprend : le français, l'arithmétique, l'algèbre, la géométrie, la mécanique, la physique, la chimie et le dessin graphique. A ces matières, qui sont celles enseignées à l'école du Havre, l'école de Paris a ajouté l'histoire et la géographie, la géométrie descriptive, la technologie, des notions de droit usuel, et des éléments de langue anglaise. Toutes ces matières, à l'exception du droit usuel et de l'anglais, qui sont remplacés par la comptabilité et la trigonométrie rectiligne, figurent dans le programme des arts et métiers, mais seulement elles reçoivent dans les cours un plus grand développement. Dans cette dernière école, il y a de plus un cours de religion, motivé par le régime de l'internat.

L'enseignement pratique, qui correspond aux industries qui emploient le fer et le bois, est donné dans les ateliers. A l'école du Havre, il y a quatre ateliers : forge, ajustage, tour et menuiserie; les élèves sont répartis à leur choix soit dans les ateliers où l'on travaille le bois, soit dans ceux où l'on travaille le fer; ils sont de plus classés par équipe et appelés à tour de rôle à conduire la machine. Ils ne sont pas divisés par année, mais bien en trois sections correspondant au degré d'apprentissage.

A Paris, les élèves travaillent alternativement le bois et le fer pendant la première année, et ne choisissent leur spécialité qu'au commencement de la deuxième.

Pour le bois, ils débutent par les travaux les plus élémentaires ; maniement du rabot, de la scie et du ciseau, puis ils passent au tour. Pour le fer, ils commencent par en limer un morceau, faire une surface plane, puis un cube allongé ; ils transforment ensuite ce cube en octogone en abattant les angles, puis ils en font un cylindre, etc.... Ils se livrent ensuite à de petits travaux d'ajustage, de tour et de forge. Quand ils sont assez exercés, ils commencent à exécuter des travaux productifs, soit pour des industriels ou entrepreneurs qui fournissent les matières premières, soit pour la ville.

A l'école des arts et métiers, l'enseignement pratique est donné dans quatre ateliers : 1° modèles et menuiserie ; 2° fonderie ; 3° forges ; 4° ajustage. Les élèves de la première année passent alternativement un semestre à la forge et un semestre à l'ajustage ; au commencement de la deuxième année, ils choisissent leur spécialité et sont répartis dans leurs ateliers respectifs. Les ajusteurs consacrent toutefois pendant la deuxième année un semestre à l'atelier des forges, et les modeleurs un semestre à l'atelier de fonderie. Les forgerons et les fondeurs restent l'année entière dans leur atelier spécial. Quand les élèves ont été exercés à faire de petits travaux dans le genre de ceux que j'ai indiqués plus haut, les chefs d'atelier leur font exécuter des travaux dont les dessins sont dressés par l'ingénieur attaché à l'établissement. Ces travaux appartiennent à l'école et peuvent être vendus. Des ouvriers, en certain nombre, sont attachés aux ateliers pour l'exécution complète de ces commandes.

Les élèves de l'école d'arts et métiers d'Aix sont de plus exercés aux opérations sur le terrain.

Le temps de présence dans les écoles d'apprentis est, au Havre, de 6 heures du matin à midi, et de 2 heures du soir à 6 heures trois quarts; et à Paris, de 7 heures du matin à 7 heures du soir. Dans cette dernière école, ils sont tenus d'apporter leur déjeuner. A Aix, la journée commence à 5 heures trois quarts le matin, et finit à 9 heures du soir. La répartition du temps entre les différents exercices est la suivante :

Au Havre, 6 heures d'atelier, 2 heures trois quarts d'études et leçons, et 1 heure et demie de dessin.

A Paris, les deux premières années : 6 heures d'atelier, 3 heures d'études et leçons, 2 heures de dessin et 1 heure de récréation.

A Paris, la dernière année : 8 heures d'atelier, 1 heure d'études, 2 heures de cours ou de dessin et 1 heure de récréation.

A l'école d'Aix : 7 heures d'atelier, 4 heures d'études ou classes, 1 heure et demie de dessin, et 2 heures et demie de récréations et repas.

La durée de l'année scolaire est de 10 mois au Havre et à l'école d'Aix. A l'école d'apprentis de Paris, il n'y a pas de vacances; on passe d'une année à une autre sans interruption; il y a seulement huit jours de suspension des cours à Pâques et au premier de l'an.

L'age d'admission est de 12 ans et au-dessus à l'école du Havre, et de 13 ans révolus au minimum et 16 au maximum à l'école de Paris. Les élèves, en entrant, doivent savoir lire, écrire, et connaître les quatre règles et les poids et les mesures. A l'école de Paris, ceux qui ne produisent pas un certificat d'études primaires subissent un examen d'entrée. Un classement est fait ensuite chaque mois, et à la fin des études, des médailles et des diplômes sont délivrés aux élèves qui les ont mérités. Au Havre, les diplômes ne sont donnés qu'à ceux qui possèdent à la fois l'enseignement théorique et pratique; des outillages sont accordés à ceux qui ne possèdent que l'enseignement pratique.

A l'école des arts et métiers, l'admission a lieu par voie de concours. Les candidats doivent avoir plus de 15 ans et moins de 17 ans. Le concours comprend deux examens, l'un devant un jury siégeant au chef-lieu de chaque département, l'autre devant une commission régionale. Ces examens, dont le dernier est purement oral, portent sur l'écriture, l'orthographe, l'arithmétique, la géométrie plane, les éléments du dessin linéaire et du dessin d'ornement, et les quatre premières opérations de l'algèbre. On exige en outre l'exécution d'une pièce de bois ou de fer en rapport avec le métier que les candidats ont dû pratiquer.

Des examens ont lieu à la fin de chaque semestre ; des bulletins résumant les notes semestrielles sont envoyés aux parents. Les punitions sont la consigne ou retenue, la salle de police, la prison et le renvoi. A la fin de l'année a lieu une distribution de prix et récompenses consistant en livres utiles, instruments de mathématiques, outils, etc. Un certificat est de plus accordé aux élèves de troisième année qui ont satisfait aux examens de sortie.

A l'école d'apprentis du Havre, il y a 102 élèves 8° Nombre des élèves dans les trois années; à celle de Paris, 78 en première année et 42 en deuxième; il n'y a pas encore d'élèves de troisième année. Au Havre, l'école fournit en moyenne chaque année 35 élèves dans les différents ateliers de la ville, soit 10 menuisiers et 25 ajusteurs, avec un salaire variant de 0 fr. 50 à 2 fr. 50 par jour.

Aux arts et métiers d'Aix, le nombre des élèves est de 275. Ils trouvent facilement à se caser à leur sortie, soit dans les bureaux des services divers de travaux publics, soit dans les usines de construction de machines ou autres établissements industriels, avec des appointements variant de 3 à 4 francs par jour. La marine de l'État en prend un certain nombre en qualité d'élèves mécaniciens.

9ᵉ Rétribution scolaire et frais accessoires.

Les écoles d'apprentissage de Paris et du Havre sont entièrement gratuites; elles délivrent aux élèves, sans aucune rétribution, toutes les fournitures et outils nécessaires.

A partir de la deuxième année, chaque élève a droit à une prime sur les travaux exécutés. Le total par quinzaine des primes à distribuer est de 70 à 80 fr. A l'école des apprentis de Paris, la répartition en est faite suivant les notes; quelques élèves peuvent obtenir ainsi jusqu'à 3 fr. par quinzaine. Au Havre, les primes ne sont données aux élèves qu'à la fin de l'apprentissage; elles atteignent, pour quelques-uns, 150 et même 200 fr. Cette mesure a été prise pour empêcher les apprentis de quitter l'école à la fin de la deuxième année.

A l'école d'Aix, la rétribution scolaire est de 600 fr. par an. Les élèves versent de plus une masse d'entretien de 50 fr., et 40 fr pour quelques objets fournis par l'école, tels que : étui de mathématiques, règle à calcul, planche à dessin, couvert, etc. Ils ont, en outre, à payer un trousseau d'une valeur de 250 fr.

Indépendamment du directeur, il y a au Havre 3 professeurs et 4 contre-maîtres. Les traitements de ces derniers, dont une partie est payée par l'école industrielle, varient de 1,650 à 2,000 fr. Les contre-maîtres doivent être présents à l'école de 7 heures à midi et de 1 heure et demie à 6 heures et demie, qu'il y ait ou non des élèves. Pendant l'absence des élèves, ils travaillent dans les ateliers soit aux réparations du matériel, soit à la préparation des commandes. Ils doivent même rester à l'école pendant les vacances.

10e Personnel administratif et enseignant.

Le personnel de l'école de Paris se compose de 1 directeur, de 5 professeurs, de 1 adjudant, de 1 maître d'études, de 1 chef de travaux et de 3 ouvriers maîtres.

Aux arts et métiers, le personnel se compose de 1 directeur, 1 ingénieur, 1 agent comptable, 1 économe, 1 aumônier, 1 secrétaire de la direction, et plusieurs adjudants. Il y a de plus 9 professeurs, 4 chefs d'atelier, 9 sous-chefs dont 5 à l'ajustage, 2 aux tours, 1 à la fonderie et 1 à la forge, et pour l'exécution des commandes, 29 ouvriers spéciaux dont 11 à l'ajustage, 5 aux tours, 5 à la fonderie, 7 à la forge et 1 commis aux écritures.

11° Dépenses
annuelles
et de premier
établissement.

Le budget annuel de l'école du Havre est de 22,500 fr., dont 9,000 fr. pour le personnel, et celui de l'école de Paris de 45,000 fr.

A l'école des arts et métiers d'Aix, les frais du personnel atteignent 70,000 fr. et les dépenses d'entretien 55,000 fr., dont 30,000 pour achats de matières et 25,000 fr. pour frais de main-d'œuvre. Les pièces fabriquées à l'école et vendues pendant l'année produisent environ 20,000 fr.

12° Installation
et distribution
du local.

Les écoles d'apprentissage comprennent une salle d'ajustage, une salle de menuiserie et modèles, des salles de dessin et de cours, un cabinet pour le directeur, etc., etc. Les locaux affectés à ces écoles sont insuffisants. A l'école de Paris, des agrandissements sont projetés pour la fin de l'année. Au Havre, il est question de bâtir une nouvelle école pouvant contenir 300 élèves, et dont la dépense est estimée à 200,000 fr.

L'école des arts et métiers comprend trois grandes salles pouvant contenir chacune 100 élèves, c'est-à-dire toute une division; un vaste amphithéâtre avec cabinets de physique et de chimie contigus, des bureaux pour la direction et pour l'ingénieur, des salles de dessin, plusieurs logements et tous les locaux nécessaires pour l'internat, tels que : dortoir, infirmerie, vestiaire, lingerie, buanderie, lavoir, boulangerie, cuisine et réfectoire, bains, chapelle, parloir, etc. Le local, qui valait 500,000 fr. lorsqu'il a été fourni par la ville, vaut aujourd'hui, avec les réparations et agrandissements qu'il a reçus, près de 1,200,000 fr., sans y comprendre le matériel.

La composition des ateliers de ces différentes écoles est la suivante :

L'atelier de forge et d'ajustage de l'école du Havre renferme :

> 3 feux de forge, 60 étaux, 4 tours à métaux, 1 tour parallèle, 3 machines à percer, 1 raboteuse, 1 cisaille, etc., etc., et 1 machine à vapeur de quatre chevaux.

Celui de l'école de Paris :

> 4 feux de forge, 90 étaux, 2 tours à métaux, 1 tour à fileter, 1 tour à engrenages, 1 machine à percer, 2 meules à affûter, etc., et une machine à vapeur prêtée par la ville de Paris.

L'atelier de menuiserie et modèles du Havre comprend :

> 40 établis, 3 machines à découper, 1 scie circulaire, 2 tours et 1 meule.

Celui de Paris :

> 40 établis, 1 scie à pédales, 1 scie circulaire, et 3 tours à pédales.

Indépendamment du gros outillage que je viens d'énumérer, chacune de ces écoles possède tous les objets de petit outillage nécessaires pour les élèves. L'école de Paris doit prochainement installer une fonderie et un atelier de sculpture sur bois.

Quant au matériel de l'école des arts et métiers d'Aix, je me bornerai à indiquer sommairement qu'il y a :

Dans l'atelier d'ajustage :

150 étaux, 26 tours, 4 tours à engrenages, 4 gros tours dont 2 à bancs coupés, 3 tours à fileter, 2 limeuses, 1 machine à mortaiser, 1 machine à aléser, 9 machines à percer, 1 à raboter, 1 à tailler les engrenages, etc., etc. ; plus une machine à vapeur à balancier de quinze chevaux, et 4 forges pour la réparation des outils.

Dans l'atelier des forges :

28 feux de forges, 1 marteau-pilon et 3 potences.

Dans la fonderie :

3 cubilots, 1 grue, 2 fourneaux à creusets pour fondre le cuivre, 1 étuve, 1 magasin de modèles, etc.

Dans l'atelier des tours et modèles :

80 établis, 1 scie à ruban, 1 machine à engrenages, 8 tours, 2 meules, etc.

Cette école possède de plus un petit outillage considérable. Tout ce matériel a une valeur de plus de 250,000 fr.

Je terminerai cette étude des écoles d'arts et métiers et d'apprentissage par quelques mots sur les trois écoles spéciales que j'ai indiquées.

L'école de filature et de tissage de Mulhouse, qui avait autrefois plus de 60 élèves, n'en renferme aujourd'hui que 21, dont 15 Suisses et 6 Italiens. Cette école est formée de la réunion récente de l'école de tissage fondée en 1861, et de l'école de filature fondée en 1864, sous le patronage de la Société industrielle.

Elle est constituée en société civile et compte parmi ses actionnaires les principaux chefs d'établissement de la région de l'Est. Elle a pour but d'enseigner aux jeunes gens la pratique et la théorie du tissage mécanique, et de leur faire étudier en même temps la filature d'une manière suivie et complète. Les élèves y sont admis sans examen. Bien qu'il n'y ait pas d'âge minimum fixé pour l'admission, il est constaté qu'ils n'en peuvent suivre les cours avec fruit avant seize ans.

L'école est un externat; la durée des études est de deux années, dont une année pour la filature et une année pour le tissage. La rétribution pour les deux années est de 900 fr. Chacune des branches peut toutefois être étudiée séparément. Dans ce cas, les prix sont les suivants : 600 fr. pour les cours théorique et pratique, soit de filature, soit de tissage; 400 fr. pour le cours de théorie, et 450 fr. pour le cours d'application de filature ou de tissage suivi isolément. Ces conditions donnent droit à suivre les cours indiqués pendant une année; un supplément de 300 fr. est exigé l'année suivante de ceux qui veulent étudier l'autre branche. La partie théorique de l'enseignement relatif au tissage comprend les cours de fabrication, de comptabilité industrielle et de prix de revient. et s'attache principalement à la décomposition et à l'analyse de tous les genres unis, grains, armures, façonnés, velours, gazes, etc.., en étudiant tout spécialement les tissus les plus appropriés aux besoins de la région.

La partie appliquée comprend : le cours de mécanique appliqué au tissage; le dessin et l'étude des machines; le travail manuel, le montage d'articles fondamentaux décomposés en théorie, le mettage en main, la mise en marche et enfin le tissage proprement dit avec ses opérations préparatoires, exécutées par l'élève même, assisté de contre-maîtres expérimentés.

Les cours de chaque partie sont terminés par l'étude des meilleures dispositions à donner aux tissages nouveaux, l'établissement des plans et devis de tissages à rez-de-chaussée et à étages, etc....

La partie théorique de l'enseignement relatif à la filature comprend le cours de filature, de comptabilité industrielle, de prix de revient, pertes en déchets, etc.

La partie appliquée comprend : le cours de mécanique appliqué à la filature ; le dessin et l'étude des machines ; l'étude des cotons et de leurs déchets, le travail manuel, etc....

Les cours de chaque partie sont également terminés par l'étude des meilleures dispositions à donner aux filatures nouvelles à rez-de-chaussée et à étages, l'établissement des plans et devis, etc....

Les élèves sont présents à l'école pendant 10 mois, de 8 heures du matin à midi et 2 heures du soir à 5 ou 6 heures, suivant la saison. Ils consacrent deux heures par jour aux cours théoriques et au dessin, et le reste du temps à l'atelier. A la fin de l'année, des diplômes et des certificats de capacité sont accordés à ceux qui les ont mérités. Le personnel de l'école se compose de : 1 directeur, 1 sous-directeur, 2 contre-maîtres et 1 chauffeur. Indépendamment des salles de théorie et de dessin, du bureau du directeur, etc., le local comprend 1 salle de préparation,

1 salle de filature et 1 salle de tissage. L'école constitue un petit établissement complet avec machine à vapeur de douze chevaux. Le matériel de la division de tissage se compose de métiers à tisser mécaniquement, de métiers à bras et de la série complète des machines préparatoires, telles que machines à bobiner, à ourdir, parer, etc. Le matériel de la division de filature se compose de batteurs, cardes, peigneuses, bancs d'étirages, bancs à broches, etc.

Les frais d'installation des deux écoles réunies se sont élevés à plus de 100,000 fr.

L'école d'horlogerie de Besançon, qui renferme actuellement 90 élèves dont 30 étrangers à la ville, a été fondée en 1862, elle est destinée à former des horlogers et des fabricants d'horlogerie. Les élèves y sont admis après un examen portant sur la lecture, l'écriture et les quatre règles. Ils sont externes. Ceux de la ville ne paient aucune rétribution ; ils doivent seulement se procurer à leurs frais les outils et matières nécessaires. Ces frais accessoires s'élèvent environ à 170 fr. pour l'outillage, et à 200 fr. pour les matières de consommation. Les travaux exécutés appartiennent aux élèves. Indépendamment des frais accessoires mentionnés ci-dessus, les étrangers ont à payer une rétribution scolaire annuelle de 200 fr. Les études durent trois années ; elles comprennent : le français, la comptabilité, les mathématiques, la mécanique appliquée à l'horlogerie, le dessin et les travaux manuels. Au lieu d'être classés par année, les élèves sont répartis en trois sections correspondant à leur degré d'apprentissage. Ils sont présents à l'école de 7 heures ou de 8 heures du matin à midi suivant la saison, et de 1 heure et demie à 7 heures le soir. Ils ont deux heures par jour de cours théorique ou de dessin et sept heures et demie ou huit heures et demie d'atelier suivant la saison. Des certificats sont accordés à la sortie. Les élèves trouvent facilement à gagner 100 fr. par mois en sortant de l'école.

Le personnel de l'école de Besançon se compose d'un directeur et d'un secrétaire comptable, de 6 professeurs théoriques et de 7 professeurs pour les ateliers. Ces derniers doivent tout leur temps à l'école. Le budget de l'école est de 35,000 fr., dont 6,000 fr. sont fournis par les élèves payants et le reste par la ville. Le local comprend une salle de dessin commune pour tous les élèves, trois salles de cours et trois ateliers avec tout le mobilier et le matériel nécessaires.

L'école préparatoire de maistrance de Rochefort, instituée en même temps que celle des autres ports, par le décret du 8 février 1868, renferme 16 élèves. Elle a pour but de préparer des sujets pour la maistrance en donnant un enseignement théorique à un certain nombre d'ouvriers des ports ou des équipages de la flotte. Ces ouvriers n'y sont admis qu'après avoir subi un examen portant sur la lecture, l'écriture et les quatre règles; ils doivent de plus être présentés par leurs chefs de division et être familiarisés avec le travail manuel. Le temps qu'ils passent à l'école leur est compté et payé comme temps de travail. Les études durent vingt mois, du 1er août au 1er décembre de l'année suivante ; il n'y a que quinze jours d'interruption des cours au moment des examens de sortie. Les élèves ne viennent à l'école que pendant la demi-journée seulement ; ils passent l'autre demi-journée dans leurs ateliers ou sur les bâtiments de la réserve. Pendant le temps passé à l'école, une heure et demie est consacrée à une leçon théorique sur l'une des matières suivantes : français, arithmétique et géométrie, géométrie descriptive, mécanique, machines à vapeur, charpentage et voilerie, orthographe et comptabilité. Trois heures en été et deux heures en hiver sont consacrées au dessin et une heure aux études libres, sous la garde d'un surveillant. Des certificats d'études et des prix sont accordés aux plus méritants. Le personnel se compose d'un officier du génie maritime, directeur, de 3 professeurs et d'un surveillant.

J'ai terminé, Messieurs, l'exposé général que je voulais vous présenter sur les écoles d'industrie que j'ai visitées ; il doit vous montrer que le programme que vous avez étudié pour la section industrielle de l'école projetée à Bordeaux se rapproche beaucoup de ceux des établissements compris dans le groupe des écoles supérieures, et qu'en vous fondant sur l'expérience de ces écoles vous pouvez, comme pour le programme de la section commerciale, le mettre à exécution sans lui faire subir de changements. Il ne me resterait donc plus qu'à vous proposer l'adoption définitive du programme complet de l'école supérieure de commerce et d'industrie, tel que vous l'avez

Conclusion.

approuvé dans votre séance du 14 janvier dernier, si je ne tenais auparavant à vous faire part des critiques qu'il a soulevées et que je vais essayer de reproduire, aussi fidèlement que possible, dans la dernière partie de ce Rapport.

TITRE IV

**Observations relatives au programme de l'École
de Bordeaux.**

CONCLUSIONS.

TITRE IV

Observations relatives au programme de l'École de Bordeaux.

CONCLUSIONS.

Les lettres d'introduction que plusieurs d'entre vous, Messieurs, m'avaient données, m'ont permis de voir, pendant mon séjour à Paris, quelques personnes dont l'opinion en matière d'instruction professionnelle a aujourd'hui une grande autorité. Pour remplir vos intentions, je leur ai soumis votre programme; de graves observations m'ont été faites, je dois vous en faire part. Je laisse de côté quelques critiques concernant le chiffre minime de la rétribution scolaire, le niveau trop élevé des examens d'admission, etc., etc., et j'arrive au reproche fondamental qui porte surtout sur le peu de temps consacré aux travaux manuels dans notre enseignement industriel. Cette partie importante devrait, m'a-t-on dit, prendre au moins la moitié de la journée, de façon que la théorie, au lieu de dominer dans notre enseignement, ne fût en quelque sorte que la récréation de la pratique. Nous aurions dû chercher à faire surtout des hommes de métier et, pour cela, arrêter un programme se rapprochant plus de celui des écoles d'arts et métiers, ou mieux encore des écoles d'apprentis, que de celui de l'école centrale. Il aurait fallu dans la distribution du temps d'études, contrairement à ce qui a été fait, réserver d'abord de quatre à cinq heures par jour pour les travaux manuels, de une heure et demie à deux heures pour le dessin, et répartir ensuite comme nous l'aurions pu, dans le peu d'heures resté disponible, nos différents cours théoriques en en réduisant le nombre et l'importance. On nous conseille d'ailleurs de supprimer le congé du jeudi et de porter à trois ans la durée des études. Ces messieurs pensent que la pratique donnée dans des écoles ne peut être efficace que dans ces conditions, et qu'avec tout autre système le but que nous nous sommes proposé risque d'être complètement manqué. Nous ne ferions pas des ouvriers, mais des commis et peut-être des déclassés.

Il était de mon devoir, Messieurs, de vous faire connaître ces critiques. Venant d'hommes aussi éclairés et dont la haute compétence est appréciée de tous, elles m'ont fait faire de sérieuses réflexions, et j'ai hésité un instant à vous proposer des modifications radicales dans le sens qui m'était indiqué.

Permettez-moi de vous donner les raisons qui me font reculer devant une aussi grave proposition. Je n'insisterai pas sur l'insuffisance du local de la rue Saint-Sernin pour y recevoir une école d'apprentis comme celle qu'on nous conseille de créer, ni sur les difficultés que vous auriez à surmonter pour changer

presque complètement un programme dont les dispositions sont en grande partie connues du public, et qui
est adopté par le Conseil général, le Conseil municipal
et la Société Philomathique. Je n'insiste pas non plus
sur le retard que ce changement pourrait apporter à
l'ouverture, déjà si impatiemment attendue, de l'École
supérieure de Bordeaux; car ces considérations, dont
il faut cependant tenir compte dans une certaine
mesure, devraient être écartées, s'il était démontré que
notre école ne peut réussir qu'à la condition d'être
transformée en école d'apprentissage. Je ne pense
pas, Messieurs, qu'il en soit ainsi; l'étude que j'ai
faite des différentes écoles que j'ai visitées, et dont j'ai
essayé de vous donner un aperçu rapide dans la première partie de ce rapport, me semble démontrer que
si nous ne sommes pas entièrement sûrs de réussir
aussi complètement que nous le voudrions, en maintenant notre programme, nous ne le serions pas davan-
tage en lui faisant subir les modifications conseillées.
Les écoles supérieures industrielles de Lille et de
Rouen, et l'école centrale lyonnaise, dont les programmes, théorique et pratique, se rapprochent beaucoup
du nôtre, ont, il est vrai, encore bien peu d'élèves,
mais cela doit être attribué en grande partie à leur
création ou transformation récente, et aussi pour les
deux dernières, au prix élevé de la rétribution scolaire.

Les écoles d'apprentis du Havre et de Paris ont au
contraire beaucoup d'élèves, malgré leur récente création; mais cela est dû certainement à ce que l'enseignement y est complètement gratuit, et peut-être aussi

à cette circonstance que les élèves touchent une petite rémunération pour les travaux qu'ils exécutent.

Quant aux autres écoles industrielles, telles que celles de Rouen, du Havre, etc., si l'on considère la nature de leur enseignement et l'âge des élèves admis, elles doivent plutôt être regardées comme des institutions primaires d'un degré supérieur (1) et ne sauraient être comparées aux précédentes. Il ne faut pas oublier que la division industrielle de l'école professionnelle de Mulhouse, qui est un intermédiaire entre ces dernières et les écoles supérieures, a donné pendant plusieurs années des résultats satisfaisants, et que cependant le temps consacré au travail manuel n'y était que de dix heures par semaine.

Le programme nouveau qui nous est conseillé sacrifierait la théorie à la pratique; je ne crois pas, Messieurs, que ce soit là le but que vous vous êtes proposé. Vous avez voulu former, non pas des contre-maîtres, mais bien des jeunes gens instruits aptes à le devenir, et je crains de n'avoir pas insisté suffisamment sur cette distinction dans les entretiens que ces messieurs de Paris ont bien voulu m'accorder.

La création à Bordeaux d'une école d'apprentis serait une œuvre éminemment utile, mais celle dont vous avez arrêté le programme ne le sera pas moins, et celle-ci peut, sans inconvénient, être fondée la première.

---

(1) Il faut également comprendre dans cette catégorie, les écoles industrielles de Nancy, de Nantes, de Douai, de Montivilliers, etc., que je n'ai pas visitées, mais qui doivent avoir beaucoup de ressemblance avec celles dont il est question dans ce rapport.

Il ne faut pas perdre de vue que nous prenons nos élèves à un âge plus favorable aux travaux intellectuels qu'aux travaux physiques, et je crois que, pour de très jeunes gens, il y a plutôt avantage à retarder, au profit d'études théoriques qu'ils ne pourraient faire plus tard, le moment où ils pourront se livrer à la vraie pratique des ateliers.

Je conclus donc, Messieurs, à l'adoption définitive de votre programme; mais je crois en même temps qu'il faut profiter des conseils que nous avons reçus, pour nous faire une règle de ne donner à nos élèves d'autre instruction théorique que celle qui sera en rapport immédiat avec la pratique. Quant aux travaux manuels que nous ne pourrons leur faire exécuter que pendant quelques heures, nous les considèrerons comme un accessoire utile, ayant pour unique but de leur faire comprendre les difficultés que les ouvriers rencontrent dans leurs travaux. Ils ne devront pas les dispenser d'aller, au sortir de notre école, apprendre ailleurs cette vraie pratique que nous n'aurons pu leur enseigner, et sans laquelle ils n'auraient qu'une éducation incomplète. Tous nos efforts devront donc tendre à les engager dans cette voie. Mais nous nous rappellerons que la pratique donnée dans un établissement privé laisse toujours à désirer, l'enseignement des patrons n'étant jamais homogène, méthodique, progressif et complet comme peut l'être celui d'une école d'apprentissage, et nous ferons des vœux pour la création à Bordeaux d'une école semblable à celles du Havre et de Paris.

Il me reste maintenant, Messieurs, à vous dire

quelques mots des démarches que j'ai tentées pendant
mon voyage pour nous assurer le concours de quelques
professeurs dont le recrutement à Bordeaux est presque
impossible. Je veux parler surtout des professeurs
spéciaux pour l'enseignement supérieur du commerce.
Vous savez, Messieurs, combien sont rares encore en
France ceux qui joignent à la vocation pédagogique
des connaissances spéciales, telles que la géographie
commerciale, la connaissance des marchandises et des
matières premières, celle enfin des opérations de
comptabilité, de commerce et de finances. L'année dernière, un comité, dont l'existence est due à la bienfai-
sante initiative de M. Bamberger, administrateur de la
banque de Paris et des Pays-Bas, et qui compte parmi
ses membres des hommes distingués à tous les titres,
tels que MM. Duruy, ancien ministre de l'instruction
publique ; Bréal, professeur au collége de France ;
Charles Robert, ancien secrétaire général du ministère
de l'instruction publique ; Jacques Siegfred, président
du conseil d'administration de l'école supérieure de
commerce du Havre, etc., s'est proposé la noble tâche
de former pour notre pays des professeurs capables de
donner dans nos écoles de commerce un enseignement
au moins égal à celui des premières écoles de l'étranger. Il a fait appel non seulement à ceux qui se
destinent à l'enseignement, mais encore à ceux qui
l'exercent déjà, et a fondé quelques bourses pour
faciliter leurs études spéciales, qui doivent être faites
d'abord dans une école supérieure de commerce de
France pendant un an ou deux, selon leur degré de
préparation, puis ensuite à l'étranger pendant six mois

ou un an. Les élèves professeurs reçoivent une allocation annuelle de 2,000 fr., qui est portée à 3,000 fr. pendant leur séjour à l'étranger; le comité ne leur demande en échange que des rapports trimestriels sur leurs études et l'engagement d'honneur de se vouer à l'enseignement commercial en France. Quarante-huit candidats se sont présentés l'année dernière pour l'obtention de ces bourses, quatre ont été accordées, et les élèves professeurs font aujourd'hui leurs études dans les écoles de Marseille, de Lyon et du Havre. Nos écoles de commerce trouveront donc facilement, dans quelques années, les professeurs spéciaux dont elles auront besoin; mais aujourd'hui la difficulté n'en est que plus grande. Je me suis adressé, Messieurs, à quelques-uns des membres du comité de M. Bamberger; je me suis adressé également à l'étranger, et aujourd'hui encore je continue des démarches que j'ai l'heureux espoir de voir aboutir.

Dans quelques jours, je pense être en mesure de soumettre à votre choix une liste complète de professeurs, auxquels vous pourrez accorder votre confiance.

J'aurai ainsi, Messieurs, terminé la mission que vous m'aviez donnée, j'espère qu'elle n'aura pas été inutile pour l'avenir de notre école; j'ai fait tous mes efforts pour vous satisfaire, puissé-je avoir réussi!

Bordeaux, le 17 juin 1874.

Le Directeur de l'École,

J. MANÈS.

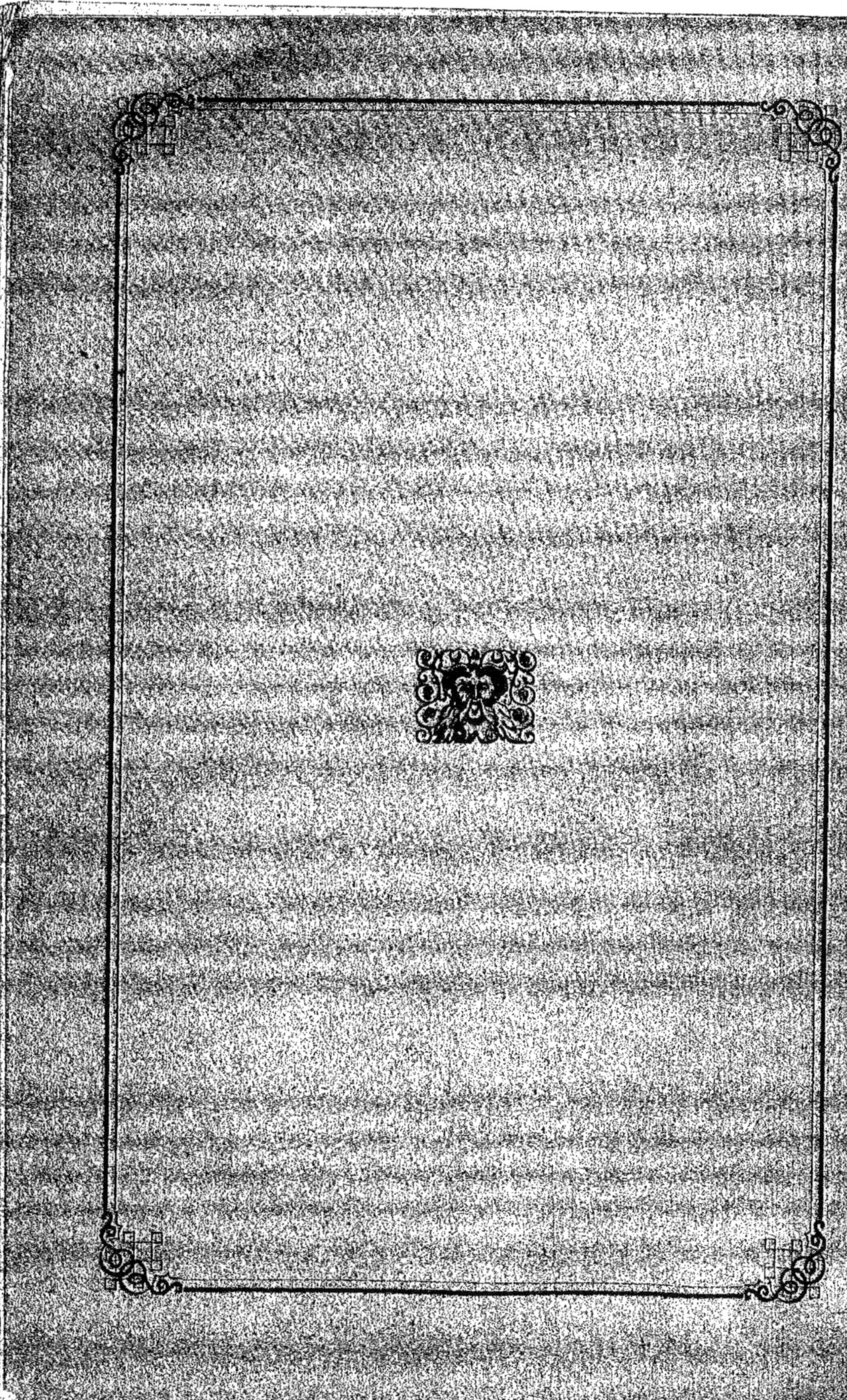